SNS時代を勝ち抜く!

45秒でファンにさせる話し方

御子神 翔吾

実演販売士兼SNS販促コンサルタント
セミナー講師
株式会社Aves代表取締役社長

合同フォレスト

はじめに

「45秒でファンにさせる」は現代必須のスキル

「何を買うか」ではなく「誰から買うか」で判断される時代

SNS・Webサービスの発達で生活様式が変わった

本書を手にとった皆さまには、次のような悩みがあるのではないでしょうか。

- これまでと同じ経営方法で取り組んでいるが売上が増えない
- テレワークを中心とした仕事になり営業成績が落ちた
- 会社内でのコミュニケーションがうまく取れない
- SNSに取り組んだほうがいいと思うがうまく表現できない
- 起業したいが何から始めたらいいのか分からない

こうした方々にとって、本書は大きな力になると信じています。

ここ10年間で世の中の流れが大きく変わりました。とくに、２０２０年に蔓延した新型コロナウイルス感染症は、社会の変化に拍車をかけています。

従来は、お客様が店舗に足を運び、実際に商品を比較し購入を決めていましたが、現在は多くの方々がネットで情報を集め、ＳＮＳで口コミ情報を探し、購入を決めます。関心のある情報を探す際にはYouTubeなどの動画サイトも参考にする時代となり、自分が面白いと思った情報のチャンネルは登録するようにもなりました。

これまで銀行による融資やローンを組んで行っていた資金の調達も、クラウドファンディングという手段で個人でも手軽に行えるようになりました。

10年といわずここ1年間を見ても、生活様式がこれまでとは明らかに異なってきたことを実感されていると思います。

「生き残るのは強い種でも賢い種でもなく変化に適応する種である」

これは、進化論で有名なダーウィンの言葉です。変化のスピードが激しい現代において、現状維持は退化にほかなりません。

大企業でなければできなかった情報発信が、個人でも十分行える世の中になりました。気軽に情報発信ができるようになり、プロのタレントでなくても「個人」にファンがつく時代へと変化しています。

ファンにさせる力＝伝える力

ファンにさせる上で重要なのは、自分という個人を知ってもらうことです。認知がなければファンが生まれるわけがありません。しかし、リアルな環境で育ってきた私たちが、いきなり発信者側になり、個人を知ってもらうといっても容易なことではありません。

「自分のことを話すのが苦手」という人も多いでしょう。でも、安心してください。**伝え方を工夫することで、自分のことをより理解してもらうことができ、一個人であるあなたにもファンがつきます。**

私は大学生の時から実演販売士という職業についています。百貨店やバラエティーショップなどで、様々な商品を売る販売のプロとして生きてきました。街頭で実演販売をしても、お客様がまったく寄ってこなかったり、自分のファンができなかったりしたことは多々ありました。

しかし、試行錯誤を重ねる中で、導入トーク（本題に入る前の話し方）の方法・表現方法・話の組み立て・心理テクニック・信頼関係の構築を学び、その実践によって、商品の販売もスムーズになり、自分のファンとなってくれるお客様をつくっていくことができました。

「自社製品の販売が難しい」

「ファンができない」

というのはあなたの人間性が悪いわけではなく、あなたに能力がないわけでもありません。**純粋に「伝え方」を知らないだけなのです。**

同じような生い立ち・同じ経歴であっても、伝え方を変えることで、あなたの印象は大きく引き立ちます。「ファンにさせる話し方」を身に付ければ、ビジネスでもプライベートでも自分の目標に大きく近づく武器になります。

SNSでも活かせた「実演販売士」のスキル

昨今は、ＳＮＳ（LINE、Facebook、Twitter、Instagram、YouTube、TikTokなど）がすっかり身近な存在となっています。私は実演販売会社を経営していますが、その傍らＳＮＳ販促コンサルタントや、エグゼクティブマーケッターとして企業のマーケティング部門を担当しています。

26歳で起業し、Webサービスやを通して会社の業績を伸ばしてきましたが、そのスキル・経験を現在は外部の企業に提供しています。実演販売で培ってきたスキルはSNSでも十分に活かせたのです。

実演販売の場では、初めから私たちの扱っている商品を目当てに来るお客様はおらず、10分ほどの短い時間で商品の購入を決めていただく必要があります。取り扱う商品も日によって変わるため、特定の商品だけを販売している実演販売士はいません。

売れる実演販売士に共通する特徴とは、

「短い時間でその場にいるお客様が自然とファンになっている」

ということです。これは、店頭でもテレビ通販でも展示会でも動画でもオンライン上でも変わりません。

実演販売士というと「トークが上手い」とか「見せ方が上手い」というイメージがあるかもしれませんが、じつは「ファンづくり」が重要なのです。同じ商品を同じ台本で紹介したとしても、結果が大きく異なります。

この実演販売で培ったスキルを元に私自身をアピールした結果、創業1期目から東証一部上場企業と直接取引、テレビ出演、古舘伊知郎氏と企業CMで共演、テレビドラマ「相棒」の監修・出演俳優への演技指導など様々なお仕事を受注することができました。

ファンにさせるスキル、信用経済を生き抜く力

現代は「信用経済」の時代だといわれています。それまでは物質主義・資本主義が主流の考え方でしたが、**信用が消費行動（経済）に深く関わる時代になりました。**

スマートフォン（スマホ）の登場で情報はより手軽に大量に取得することができ、技術の発達で多岐にわたる商品が生み出されています。その中で購入の決め手となっているのは、「誰から買うか」という価値観です。

例えば、ネットで調べた誰だか分からない人が紹介している商品よりも、身近な友だちが何気なく勧めてくれた商品のほうが、店頭に行って買いたくなりますよね。商品の性能や価格に大きな差がなくなってきたため、信用の置ける人の情報をもとに買うという消費者が増えているのです。

昔は大手のマスメディアなどが情報発信を担っていましたが、今では一人ひとりがメディアであり、発信者になっていると言えるでしょう。

自分のファンをつくるということはすなわち「自分の夢を応援してくれる人を増やす」ということです。本書で紹介する内容は、皆さまの夢を実現するために必ず活きてくるものと自負しています。

御子神　翔吾

もくじ

第2章 表現方法を意識するだけで誰もがファンに変わる

第3章 トークは組み立てと台本で9割決まる

第4章 五感に訴えて好印象を与える心理テクニック

第5章 相手からYESをもらう心理テクニック

第6章　ファン化させる最後の一押しは信頼関係づくり

第7章　オンラインでファン化させるコツ

第 1 章

コミュニケーションは最初の 45 秒で勝負が決まる

1　営業・SNSではなぜ話し始め45秒が重要なのか

営業において、皆さまはこういった場面を一度は経験したことがあるのではないでしょうか。

- 自分で手応えを感じていたが最後の最後で断られてしまった
- 相手にもメリットのあることだが十分に伝わらなかった
- 初回の打ち合わせは好感触だが次回につながらない

中間トーク（プレゼンの資料構成や話の組み立て方、雑談の挟み方）やクロージング（最後の一押し）などテクニックに目がいってしまいがちですが、**じつは導入部分でつまずいてしまっている場合が多いのです。**

話し始めの印象が悪いと、聴き手側は不安感や不信感を持ってあなたの話を聞くことになります。中盤のトークがどれだけ素晴らしくても、聴き手側に聞く気がなければ馬の耳に念仏となってしまい、決して好意的に見てはもらえません。

聴き手は「この場を丸く収めよう」と笑顔で応対しますが、内心では真に納得することはありません。発信者が手応えを感じても最後に断られてしまう原因は、最初の45秒で聴き手の心をつかめていないからです。

コミュニケーションの成否は最初の45秒にあり

コミュニケーションの成功の鍵は、最初の45秒にあります。

学生時代の授業を思い返してみると、好きな科目は寝ることなくしっかり聞くことができるのに、苦手な科目は寝てしまっていたという経験はありませんか？　学生時代の授業も最初の1コマ目で興味が持てると、その授業は前向きに取り組めますし、最初で興味が持てなければ聞く意味なしとなってしまいますね。

それと同じように、**例えば30分間のコミュニケーションであっても最初の45秒で興味が持てなければ、残りの時間でどれだけそのあとの内容が良くても耳に入ってきません。**

45秒で興味を持ってもらうことが、コミュニケーションの成否を分けます。

45秒は「15秒×3ブロック」という意識を持つ

「話し始めの45秒が重要」だと繰り返しお話ししていますが、45秒の捉え方も重要です。45秒を「15秒の3ブロック（塊）」と捉えます。15秒のブロックというのは、文字数にして240字です。時計を持って、本を片手に15秒のトークを体験してください。ゆっくり、中位、立板に水。これを3つ重ねて、45秒の導入部分、いわゆる「つかみ」にします。

45秒の中に3つの情報が盛り込まれることによって話に強弱がつきます。お笑い芸人やYouTuberが、淡々と一定のリズムで話すことはありません。かといって、ずっと山場の連続ではありません。話す長さ（尺）の中でここは控えめにして山場をより盛り上げようという部分や、ここは山場だからリアクションも大きく聴き手を惹きつけようという強弱が必ずあります。

この15秒ごとのブロックを意識することで、話し始めの45秒でお客さんをつかみ、その後、10分でも30分でも話をつなげていくことができます。

全体の時間配分に気を取られがちですが、まずは最初の45秒で感触をつかむこと、その45秒は「15秒×3ブロック」で構成されていることを意識しましょう。

ＳＮＳでも勝負は最初の45秒

最近のＳＮＳの主流は、「ショートムービー」「ショート文字コンテンツ」です。TikTokは世界的な流行を生み出しましたし、追随する形でInstagramでは「リール」という新機能が実装されました。YouTubeでもショートムービーに特化した新機能をリリースしています。

ＳＮＳ・インターネットの発達によって、より短く、コンパクトなコミュニケーションが求められています。従来の起承転結型の論理構成・三段論法も重要ですが、**ＳＮＳ時代では「ショートコミュニケーション」と「共感」が求められています**。

短いコミュニケーションで相手の心をつかみ自分のファンを増やすことで、自分の挑戦を肯定する仲間ができ、自分のビジネスも展開しやすくなります。

現代のビジネスにおいてＳＮＳを活用し、ビジネスに活かしていくことは必須であり、そのＳＮＳでファンをつくるためには最初の45秒が何よりも重要です。

2 コミュニケーションエラーは入り口45秒のズレが大きい

そもそもコミュニケーションエラーはなぜ起きるのか

皆さまにも「自分の思いや考え方を伝えているのにうまく伝わらない」という経験があるのではないでしょうか？　例えば、

- ビジネスシーンでは、初対面で距離を取られてしまってアポイントまで進まない
- 社内で自分の意見が通りにくくもどかしい
- 部下に仕事を任せたものの、思い通りの成果を出してくれなかった

これらは、**その人の能力や実力の問題というよりも「コミュニケーション」に問題がある場合が多いのです**。コミュニケーション力を身に付け、自分の考え方や知識が正確に相手に伝われば回避できることが多いといえます。

そもそもコミュニケーションエラーはなぜ起きるのでしょうか。

その理由はズバリ**「相手は自分と同じ価値観・前提条件のもとに判断してくれるだろう」**と無意識に脳が考えてしまっていることにあります。

日本は島国であり、ハイコンテクスト文化と言われます。

アメリカの文化人類学者エドワード・ホール氏が提唱しているものですが、日本語は民族性・文化・経済性の共有が高い文化で発達した言語のため、「空気を読む」や「なんとなく通じるだろう」と細かい部分まで気を配ることが少なくなります。

コミュニケーションエラーを起こさないためには、お互いが持っている価値観・前提条件の違いをまず認識することが重要です。

最初の45秒のズレは時間が経つにつれて大きくなる

話し始め45秒のズレは、コミュニケーションが進むにつれて大きくなります。

心理学で初頭効果といいますが、最初に与えられた印象が後の情報に影響を及ぼしてしまうのです。社会心理学者のアッシュは、印象形成において、提示の順番によって違った印象が形成されると言っています。

この初頭効果はコミュニケーションの中でも見られます。

最初の45秒の印象が良ければ、その後のコミュニケーションはスムーズに行うことができ、逆に最初の45秒のコミュニケーションが悪ければその後にどんな良い話をしても悪い印象をなかなか払拭できません。

バケツに水を張った状態で、真ん中に石を投げ入れた場面をイメージしてみてください。初めの波紋は小さいですが、その後、時間が経つにつれて波紋は大きくなっていきます。

コミュニケーションでも同じです。**初めのコミュニケーションエラーは時間が経つにつれて大きくなってしまいます。**

コミュニケーションエラーを起こさない

ためには、入り口の45秒で極力ズレを出さないようにすることが必要です。

コミュニケーションは「入り口で心をつかむ」ことが大切

コミュニケーションエラーを起こさずに、その後のコミュニケーションを円滑に進めるには、「共感を得ることで心をつかむ」ことが重要です。

人間は共感性が高い生き物であり、共感できる人には心を開くため、**共感できる人からの情報は正しいもの**だという安心感が生まれます。入り口で共感を得ることで、その後の自分の話を聞いてもらいやすくなりますし、ビジネスにおいて有利に交渉を進めることが可能になります。

通常、トーク術・プレゼンテーション術というと論理的な説得を生み出すことに重点が置かれがちですが、本書では論理的な部分のみならず、共感を得て聴き手側を「ファンにさせる」ことに重点を置いています。

繰り返しますが、コミュニケーションエラーを防ぐには、入り口45秒で共感を得ることがポイントです。

3　買う・買わないは45秒で決まる

売れない理由は話し始め45秒にあり

スーパーや百貨店、バラエティーショップ、展示会会場などで見かける実演販売士。よくよく観察してみると、いつも人だかりができている実演販売士がいる一方、次に挙げた閑古鳥が泣くような誰も寄り付かない販売員もいます。

- 元気よく大きな声を出しているのにお客様が寄ってこない
- 勇気を持って話しかけたのに、お客様が気まずそうに下を向きながら去ってしまう
- 話し始めたものの、お客様にはまったく伝わっていない様子

話し始めの45秒をうまく使えないと、このようなことが起こってしまいます。

お客様の立場で考えてみましょう。街頭で急に声をかけられたら不信感がよぎります。「怪しい勧誘なんじゃないか」「何で自分に話しかけるの」という不信感が満載です。不信

感や違和感は自分が話しかけられる立場だと感じますが、自分が声をかける立場になった途端、忘れ去られてしまいます。急に話しかけられた人は話を聞く理由がなく、初めは不信感が満載だということを肝に銘じましょう。

実演販売士が45秒間で意識する「驚き」と「興味付け」

1回の実演で何十人も集客する凄腕実演販売士も一般の販売員も同じ人です。じつは実演販売士は話し始めの45秒にこだわっています。**声かけの段階で販売ができるか否か決まるといっても過言ではありません。**慎重かつ大胆に声かけを行っています。

実演販売士が話し始めの45秒で意識しているのは「驚き」と「興味付け」です。足早に買い物をしているお客様に足を止めていただくためには、まず「驚き」の要素が不可欠です。

具体例としては**「相反する2つの機能を一度に提示する」**というものがあります。例えば「お手軽だけど高性能」「安心安全だけど汚れ落ちが抜群」といった具合です。

人は自分が理解できない情報が脳に来るとその矛盾を解決しようとします。人間の脳は本能的に安心・安全を求めていて、疑問が生まれると不安を感じてその危機的な状況から脱しようと猛烈に働き始めます。一説によれば、脳はこの時、毎秒A4サイズにして約30ページ分もの検索機能を駆使して、その疑問を解消しようとフル稼働するそうです。つまり、相反する2つの機能を提示することで深層心理や本能からその疑問を解消しようとお客様の足が止まります。

そして「興味付け」を行います。人間は「自分に関係のある話」でなければ聞こうとは思いません。ここではお客様に対する問題提起を行います。例えば掃除用品であれば「お部屋のお掃除でこういうところが困りますよね」ですし、調理用品であれば「普段の包丁だとこういう食材を切るのは難しいですよね」となります。

実演販売士が紹介している商品もお客様の生活に関係がなければ不用品と変わりません。お客様の生活に関連付けをし「自分事」として捉えていただけるような切り口で紹介を始めます。

聴き手の共感を促すショートワードを用意する

45秒の話し始めの際にぜひ意識していただきたいのが、**心を動かすショートワード**を用意しておくということです。

例えば実演販売の際は「驚き」や「共感」とは別に、

「何が何だか分からないまま来てしまった方も楽しんで帰ってください」

「試供品をもらう時だけで結構なんで、にっこり笑顔でもらってください。私も仕事なんでね」

といったようにお客様の気持ちを代弁したり、私も協力できていると親近感を持っていただけるような言葉を話し始めに入れることで、お客様の警戒心を下げることができます。

これは特定の商品の紹介だけでなく、どんな商品紹介の冒頭でも話す言葉です。聴き手の共感を促すショートワードを用意しておくことが大切です。

共感を促すショートワードで大切なのは、クスッと笑える内容を用意すること。**人間、一番無防備なのは笑顔でいる時です。**無邪気に遊ぶ子どもには警戒心がありません。大人になると笑う機会が相対的に減ってくるとも言われていますが、友だちと笑いあって話したり、好きなテレビ番組を見ていたりする時は無防備に楽しみますよね。

販売の際もお客様に笑いを提供できるよう、小ネタを準備しておくことが大切です。その際、聴き手の感情を先読みして笑いを誘うような構成を心がけましょう。

4 45秒ルールを応用してSNSでもファンを増やす

SNSでファンが増えない原因

SNSは誰でも気軽に使える反面、ビジネスにうまく活用できている人は少ないと感じています。もちろんプライベート用に旅行の写真を載せたり、ランチの様子を投稿したり、友だちと一緒の写真を載せたりするのもSNSの醍醐味です。

SNSでファン（フォロワー）を増やすには一歩踏み込んだSNSの活用方法を身に付ける必要があります。そうすれば、自身のビジネスや人生を大きく変えることにもつながります。

ほんの10年前まで、情報発信はマスメディアのみに許された特権であり、ファンをつくることは芸能人にのみ許された行為でした。ですが、スマホの普及によりSNSが当たり前の時代になった今、情報発信やファンづくりは誰にでも可能になりました。だからこそ、経済活動を行う皆さま一人ひとりが取り組むべき必須科目であり、ここをおろそかにするとビジネスの展開が制限されてしまうのです。

ビジネス用にSNSを使い始めたが思うようにファンが増えずに挫折してしまったという人も多いでしょう。それは、もともと認知されている芸能人が始める場合と異なり、私たち一般人が情報発信を行う場合は、ファン化するための技術・戦略を身に付けなければ認知されること自体が難しいからです。

でも、SNSの特性を理解し、ファン化に至るまでの正しいステップを踏むことで、一般人でもファンをつくることは可能です。

実演販売士のファン化スキルをSNSに応用する

実演販売で効果抜群だった伝え方は、ビジネス拡大のためのツールとしてSNSを使う際にも応用することができます。

実演販売士のスキルを応用するとなると、イメージしやすいのは動画コンテンツ発信型でしょう。動画での発信の際も「驚き」「興味付け」「共感」を意識して発信を行いましょう。動画の冒頭でそれらの要素を意識することが認知のきっかけとなります。また中盤では緩急をつけたり間をとったりと飽きさせない工夫を行うことも大切です。**普通に喋っているだけでは情報量の多いSNS上で際立って目立つことは困難です。**実演販売士特有の話し方を身に付けることでSNS上でも目立ち、注目を集めることができます。

実演販売士の話し方のコツ ⬇ 50ページ、第2章参照

昨今、人気の職業になったYouTuberも動画内で商品の紹介を行っています。YouTubeで、チャンネルの登録者数を増やし影響力を高めることで（ファン化）、広告効果を認められ、企業から直接、商品宣伝の仕事をもらうというものです（紹介案件）。**これはまさにテレビ通販と同じ原理で、商品紹介力・訴求力が求められます。**YouTuberにとっても、実演販売士の話し方を身に付けることは自身のチャンネル内での商品紹介力を高められるため、紹介案件の獲得につながります。

商品紹介のポイント ⬇ 88ページ、第3章参照

実演販売士のファン化スキルはSNSにも応用が効くことについて、どのような感想をお持ちになりましたか。実演販売士はまさに「古くて新しい職業」なのです。

YouTubeのサムネイル画像

身近な話題からファンにさせるステップ

第1に意識したいのが、「身近な話題に置き換える」ということです。話題といっても、ビジネス情報発信・エンタメ・ミニドラマなど様々なジャンルがありますが、見ている人に自分事・身近な話題と捉えてもらわなければフォローにつながりません。**情報発信の際にはまず自分の持っている情報を棚卸しして噛み砕き、身近な話題に置き換えることを意識しましょう。**

その際に家族や友人に話してみて理解されるかどうかは大きな判断基準になります。私たち実演販売士も商品紹介のトークを一度作った後に、家族や友人など身近な人にそれを聞いてもらい、伝わるかどうかのチェックをします。手軽に自分の考えを発信できるSNSだからこそ、身近な人の他者認識を大切にしましょう。

第2に意識したいのが、「根拠やデータを明確にする」という点です。ここを丁寧に行うことで「しっかり情報を発信している人だから今後の投稿も期待できそう」という心理が働きフォローにつながります。

第3に意識したいのは、投稿を継続する中で自分自身のストーリーや今後の展望など人間性を開示していくことです。自分のことを深く知ってもらうことで、フォロワーからファンに変わります。このステップでは失敗談なども織り交ぜながらストーリーを語りましょう。失敗談はなかなか人に話したいものではないですが、失敗をしたことがない人間はこの世にいません。あえて自己開示をすることで、画面上でも親近感が湧き、あなたのことを身近に捉えてくれるはずです。

SNSの発信では最初からファン化を狙うのではなく、このような過程を経て**「小さなファン化」を積み重ねることが大切です。**1投稿ごとに45秒ルールを意識し、瞬間的なファン化による認知を得つつ、大きなファン化につなげるためのステップを踏んでいきましょう。

5 45秒で営業先の印象を上げ、成約につなげる

成果が出せない営業マンは能力が低いのか

営業職に就いている方や、それ以外の職種において営業的なスキルを必要とされている方は多くいて、様々な悩みを抱えています。

実演販売士として会社を経営している私のもとにも、営業職の方からは「営業成績が上がらず困っている」という悩みが、経営者からは「会社の売上が横ばいなので営業力を強化していきたい」という相談が寄せられます。私自身、社会人になってすぐ営業という職種を経験しましたし、経営者となった今でも重要な商談では自ら営業に伺います。

現在は大手企業との取引が多いため、クライアントに悪い印象を持たれてしまうと取引自体がなくなりかねません。営業を始めた頃は、取れるはずの案件を失注してしまったり、好感触だと思った営業先から受注できなかったりと苦労しました。何度も足を運んだ営業先から断られることもありました。

では、**売れる営業マンと売れない営業マンの差はどこにあるのでしょうか？** 営業で数

字が上がらないと「頑張りが足りないからいけないんだ」と闇雲にアポを入れる方向に走り、それでも数字が伸びないと「自分に能力が足りないからだ」と悲観的になり、「能力がないから営業職は向いていない」と感じてしまったりします。

営業で数字が上がらないのは能力がないわけでも向いていないわけでもありません。単純に「やり方を知らない」だけなのです。営業劣等生だった私でしたが、今では東証一部上場企業とも取引できています。

話し始めの45秒で「自分事」に捉えてもらう

営業力をつけようと考えた時、まず初めに考えるのが「お喋りが上手くなるようにトークの引き出しを増やす」「分かりやすい提案資料をつくる」「心理学をはじめとしたテクニックを身に付ける」ということです。確かにいずれも大切なことですが、それ以上に大切なことがあります。

それは、「45秒でファンにさせる」ということです。この法則はもちろん営業職にも活かすことができます。

営業職で一番重要なのは初対面の45秒で何を話すか？という点です。初対面でただでさえ緊張している中、好印象を持ってもらうのは大変な気がしますが、それは他の営業マンも同じです。皆が苦手とする「話し始めの45秒」を制することで、営業をスムーズに行うことができるのです。

すべての営業マンが共通して意識すべきなのは「相手に自分事だと捉えてもらう」ことです。自分の扱っている商品がなぜお客様・クライアントにとって必要なのか。そこを丁寧に説明することによって45秒で印象付けをすることができ、その後の話もスムーズに聞いてもらえます。

初対面でファン化する営業手法を身に付ければ職に困らない

営業スキルを身に付けると仕事に困ることはありません、なぜならば、どの業界・どの企業であっても「営業」という職種は必ず存在するからです。**「業を営む」と書くとおり、すべての経済活動のもとといっても過言ではないため、あらゆる職種で活用できるスキルなのです。**起業する際も商品・サービスを買ってもらうために営業は避けて通ることができません。

営業は自社製品をお客様に1対1で売り込む行為です。毎日何百人ものお客様を相手に商品を販売する実演販売士は営業のプロともいえます。じつは企業以外にも別業界から営業職として声をかけていただいた経験もありまして、営業・販売を極めると職に困らないということを実感しています。

具体的な営業トーク ⬇ 88ページ、第3章参照

6 動画コンテンツでは15秒が勝負

溢れ返っている動画コンテンツで目立つには

1分以内のショートムービーを発信するTikTokは2020年現在、会員数4540万人、YouTubeは毎分500時間の動画がアップロードされているといわれています。YouTuberは小学生がなりたい職業ランキングで1位となったこともあり、社会的地位が上がりました。これは**以前までマスメディアが担っていた役割を、私たち個人が担う時代になった**ともいえます。

TikTok 画面

手軽に発信できる一方で、他の動画との差別化を行い、溢れる情報の中で目立つことは容易ではありません。動画の見せ方を知らないために「チャンネル登録がなかなか増えない」「フォロワーが増えない」「そもそも再生されない」という事態が起こります。以前であれば、なんでもないゲーム実況や話すだけの動画でも再生数や登録数が伸びたかもしれません。しかし、競争が過熱する中で自分の動画を見てもらうためには、しっかりした戦略と動画構成が不可欠になります。

動画配信で重要なのは**「視聴者維持率」**と**「エンゲージメント率」**です。

視聴者維持率とは、視聴者が1つの動画をどこまで観ているかを数値化しているもので、例えば5分間の動画があり、2分30秒視聴者が観ていれば視聴者維持率50％ですし、30秒しか観られていなければ10％となります。

エンゲージメント率とは、1動画に対する、いいねやコメントのことです。これまでにもっとも反響が大きかった「髪を触れる癖で、分かる3つの心理状況」の動画（前ページ写真参照）は617万回再生、27・8万いいね、7637コメント、1万1305回引用され、ByteDance社（TikTokの運営会社）のYouTube広告にも使われました。この動画は投稿半年以上たった今でも視聴者維持率は50・5％です。アクションがあることで動画はさらに再生され、大きな話題となったのです。

SNSの活用 ➡ 219ページ、第7章参照

再生される動画にするには45秒を圧縮する

私の動画が多くのリアクションを得られたのは、最初の15秒にこだわったからです。動画コンテンツ発信のプラットフォームでは、テンポが速い動画が好まれるため、**テンポの悪い動画は視聴者からは受け入れられず、スキップされてしまいます。**これを避けるため

に最初の15秒を有効に使います。

15秒を有効に使うためには、「視聴者に自分事と捉えてもらう」ことを意識します。これは、営業マンがお客様を獲得する時に使う手法と同じです（37ページ参照）。**「自分とは関係のない情報」と判断された瞬間に、視聴者は離れてしまいます。**自分が感じる価値を、視聴者にも感じてもらえるようにしなければなりません。まずは、伝えたい内容を整理し、分かりやすく身近な話題に置き換えるように工夫してみましょう。

ただし、視聴者維持率を保つためには、結論は最後に持ってくるようにします。対面で話す場合や複数人相手のプレゼンなど、時間が決まっていたり目的が決まっていたりする場合は、結論から話すのが効果的ですが、動画プラットフォームでそれをしてしまうと、結論を見て視聴者は満足してしまいます。15秒で身近な話題の問題提起をし、自分事として捉えてもらうことが、動画が再生されるための重要なポイントです。

7 文字コンテンツも最初の一文ですべてが決まる

あなたの文章が読まれないのはなぜ？

文字コンテンツでも読まれる人と読まれない人の間に差が出ます。「頑張ってブログを更新しているがなかなか読まれない」「Twitterで発信を行っているもののフォロワーが増えない」など悩まれている方も多いのではないでしょうか。

文字コンテンツは動画コンテンツと異なり、文字のみの情報となるため読み手の捉え方次第で評価が分かれてしまいます。おそらく本書においても、読んでいる人によって捉え方が変わるでしょう。しかし、**文字のみの情報であっても、工夫を凝らすことで多くの人に読んでもらうことができ、情報発信の有力なツールとなりえます。**無味乾燥な文章に終わらせるのではなく、読み手をファンにさせる文章構成方法のコツがあるのです。「文才がない」「文字にすると話が伝わらないから自分には向いてないのかも？」と諦めるのではなく、正しい発信の仕方を身に付けることで情報を分かりやすくし、ファンをつくる文章に変えることが可能です。

文字コンテンツ系SNSの活用方法 ⬇ 227ページ、第7章参照

最初の一文とタイトルのつけ方が重要

- スーパーを歩いていてついついお菓子売場で足を止めてしまった
- 道端を歩いていたら看板が気になってお店に入った
- 書店を回っていたら「45秒でファンにさせる」という文字が目につき立ち読みしている

こんな場面をイメージしてみてください。どこに意識が行き、足が止まるのでしょうか。スーパーのPOPや看板、本の表紙に書いてある「文字」なのです。

そう、**文字（アイキャッチ）には人の足を止めるほどの魔力があります**。しかも、それぞれの文字は短いフレーズ（キャッチコピー）で構成されていませんか。目を止め、立ち止まらせるためにはキャッチコピーが不可欠です。

SNSによる情報発信でも同じことがいえます。自分の発信にキャッチコピーをつけることで多くの人の目にとまり、ファンをつくります。最初の一文やタイトルを短くて心に

響く言葉にできるか否かが、文字コンテンツの発信では一番重要です。

文の冒頭に「問題提起」をキャッチコピーで表現する

では具体的にどのようなキャッチコピーがいいのでしょうか。例えば、街中を歩いていて看板が気になってお店に入った例を思い浮かべてみましょう。

休みの日にいつものジムに行き、筋トレを2時間した。昼前から13時まで昼ごはんを食べずに筋トレしていたためお腹はペコペコ。そんな中、最寄り駅の周りを10分ほど歩く。特に入りたいお店もなかった。しかし、そこで目についたのは「美味い！　早い！　唐揚げ定食500円！」の文字。思わず足を止めます。筋トレしたからお肉も食べたいし500円は安い！　すぐにお店に入った。

この情景をイメージする時、キャッチコピーに必要な要素が見えてきます。

人間は「自分に関係がある」という情報を無意識に拾います。カクテルパーティー効果といって、広い会場でカクテルパーティーをしていても自分に関する話は不思議と耳に入ってくるという心理効果が関係しています。自分が買おうかなと思っている車が無意識に目につくようになるのも、この心理効果が働いているといわれます。文章でも同様に、自分に関係があるものを無意識に拾う傾向にあります。

文字コンテンツでは自分の情報を受け取ってほしいターゲット（ペルソナ）を想定したら、そのペルソナが考えているであろう問題をキャッチコピーとして、端的に表現し、文章の冒頭で提起します。これによって、自分事として捉えてもらえるようになるのです。

経営コンサルティングで活かせる「45秒でファン化」する技術

吉村光正さん（東京大学法学部卒の経営コンサルタント）

長い期間、仕事をしてきて、考えることがあります。それは、**仕事をする上でもっとも大事なこととは、仕事の目的・目標は何かということを常に明確に意識し、戦略的に進めていくこと**。そして、一緒に仕事するメンバー間でのコミュニケーションのズレをなくしていくことです。今まで数々の仕事を経験する中で、これらの大切さを心底実感しています。ですから、本章で紹介された「45秒」の重要性にいたく共感しました。

「最初の45秒で、目的・目標を明確に共有しておき、コミュニケーションエラーをなくしておく」。これは、ビジネスのあらゆる場に転用・利用できると思います。

ビジネス全体のボリュームで見れば、最初の45秒は決して大きくないかもしれませんが、その重みで言えば、非常に大きな割合を占めています。まさに「たかが45秒、されど45秒」だといえます。

私は東京大学法学部を卒業後、経営コンサルタントとして活動するほか、著者の御子神さんと数々のビジネスでコラボさせていただきました。最近は「ビジネスビルダーシップ・プログラム」の開発を一緒に行っています。このプログラムは、経営者、個人事業主、そして被雇用者といったビジネスに携わる立場の区別とは無関係に、自らのビジネスに主体的に取り組み、創造、戦略的な展開を行える人材を養成することを目的としています。

これ以外にも、必要なスキル（技術・技能）・ナレッジ（知識）・コンピテンシー（行動様式）を要素として設定し、これらを身に付けるために必要な、様々な養成プログラムやコンテンツを開発しています。

このプログラムでのキーワードも、まさに「戦略的な目標設定」や「エラーのないコミュニケーション」と位置付けています。最初のきっかけで、方向性をしっかり定めておくことがいかに重要なのかは、営業やSNSに限らず、まさにビジネス全般に通じることなのです。

第2章

表現方法を意識するだけで誰もがファンに変わる

1　伝わる話し方のポイントは中学英語にあり

スティーブ・ジョブズのプレゼンが魅力的に見えるわけ

今や世界中の人が手にしているiPhone。Apple社の製品は直観的に使いやすく、画期的であることは誰もが知っていますが、認知が一気に広がったのは2007年初代iPhoneの発表の際に行われたApple社の創業者スティーブ・ジョブズのスピーチからでした。彼がプレゼンをした瞬間に、商品の内容やキャッチコピーやスローガン（ヘッドライン）が、Webサイト、広告、ポスターなどあらゆるチャンネルを通して発信され、口コミによって一気に拡散し、世界中のApple Storeに行列ができたのです。

スティーブ・ジョブズのプレゼンを研究すると、表現方法や伝え方に必要な要素が見えてきます。それは、「情熱を伝える」「シンプルイズベスト」「神は細部に宿る」という3つのプレゼンの本質です。

まずプレゼンの源泉は、圧倒的な商品への確信とそれを広めていきたいという情熱です。プレゼンテーター自身が売り込む商品の最大のファンとなることによって、夢中になるほどの想いが聴き手に伝染します。プレゼンの本質は**「シンプルに」「短く」「具体的に」**伝えます。プレゼンの構成も**「現状の問題点を指摘し、解決策を提示する」**ことが基本です。何をどう言うのか、聴衆に何を見せるのか。ジョブズは言葉選びから間の取り方、演出まで徹底的にこだわり抜いていました。名俳優さながらに台本に沿ってごくごく自然に演じていきます。こうして彼のプレゼンは成り立ち、多くの人を熱狂させます。

スティーブ・ジョブズの英語表現から見る、伝えるポイント

歴史的名演「iPhone のプレゼン」を見ていくと、**「期待感の演出」「間」「数字を効果的に使う」「サプライズ」「キャッチコピー・スローガン」「ユーモア」「敵を仕立て上げる」**という**英語特有の要素が見えてきます。**

例えば、「本日、画期的な新製品を3つ発表します」と冒頭に話しておきながら、その直後に「1つめ、ワイド画面タッチ操作の iPod。2つめ、革命的な携帯電話。3つめ、画期的なネット通信機器。3つです。タッチ操作 iPod、電話、ネット通信機器。iPod、電話……お分かりですね？　独立した3つの機器ではなく、1つなのです。名前は iPhone。本日 Apple が電話を再発明します。これです……」

日本語ではあまり見られない要素です。特に日本式の伝え方では「間」「キャッチコピー・スローガン」「ユーモア」という要素が少ないのです。日本語で伝える場合は「喋る内容をきちんと精査しようという気持ち」が強く、また「前提条件として、相手が理解している」という認識が無意識に働いています。

そのためキャッチコピー・スローガンを示すこともあまりなく、話す内容を本の目次のようにまとめただけの単なる「概要」になってしまうことが多いのです。間やユーモアも織り交ぜず事実のみ列挙していくパターンがほとんどのため、キャッチコピーのような訴求力はなく、興味を持たせにくいという欠点があります。

英語学習で重要な「伝え方」はビジネスにも応用できる

英語学習で重要なのは、難しい単語を覚えたり、文法の間違いを理解できたり、文学的素養を学ぶことではなく、**話し方・表現方法です。これは、ビジネスで「伝え方」を習得する際にも同じことがいえます。**

海外旅行先で現地の人と話す際は、「場の空気感で伝わる」「前提条件を省いても分かる」ということは一切ありません。しかし、簡単な単語しか知らなくても、文法が正しくなくても、ボディランゲージやユーモアを交えることで、文化背景が違う人たちにも伝えることができます。

伝わる話し方のヒントは中学英語にあります。難しく考えずに英語学習を行ったり、海外旅行などを経験したりすると、知らない言語が飛び交う中で自分の考えや想いを伝えなければならないため、「相手にどう伝わるか」を徹底的に考えて話します。そのためビジネス上の伝える力も向上します。

2 英文法を意識することで誰にでも伝わるトークになる

日本語が伝わりにくくなっている

「自分の話が伝わらない」という経験が、皆さまにもあるのではないでしょうか。例えば、

- 会社の新入社員と話すと自分の話が伝わらない

- 商談で丁寧に説明したつもりなのに、勘違いがありまとまらなかった
- 友人と話していても話が食い違ってしまう

こうした問題には、話している人同士の価値観や育った環境や時代といったバックグラウンドが大きく関係しています。最近では情報の取得源の違いもその要因の一つになっています。情報技術の発達によって、人々は様々な媒体から情報を得ています。例えば、テレビから情報を得ている人もいればYouTubeから情報を得ている人もいる。新聞を読む人もいれば、Yahoo!ニュースでニュースを読むだけの人もいます。そのため、**同じ言葉でも受けとる側にとってはまったく意味が異なってしまうのです。**

さらには、ジェネレーションギャップも大きく関係しています。デジタルネイティブといわれる30代以下と、そうでない50代以上の人とでは情報の取得源や取得方法、バックグラウンドが異なるため、考え方や価値観も大きく異なるのです。

伝わらない原因はどこにあるのか

従来、日本語は多くを語らなくても伝わる文化であるといわれてきました。これはハイ

コンテクスト文化ともいい、民族性、文化、経済力などの共有性が高い文化のことです。アメリカの文化人類学者エドワード・ホール氏が1976年に著書『Beyond Culture（文化を超えて）』の中で提唱した、文化の違いによるコミュニケーションスタイルを表す言葉です。

代表的なものに、「阿吽《あうん》の呼吸」「一を聞いて十を知る」「みなまで言わすな」「空気を読め」などがあります。日本ではお互いの価値観が近く、コミュニケーションの際、お互いに相手の意図を察し合うので、黙っていても考えが伝わったように感じます。そのため、**「話し手の伝達力」よりも、「聞き手の想像力」が問われるのです。**このように、背景、共通認識の違いによって私たち日本人は言葉を省略してしまうことが多くなります。

一方、日本と真逆なのがアメリカです。多民族国家なので、文化も価値観もまったく異なる人々の集まりです。アメリカのようなローコンテクスト文化の特徴は、**意思疎通は「話し手の伝達力」にすべてかかっているという点です。**

英語はそんな異なる人種同士が分かり合うための唯一のコミュニケーション手段なので、英文法には明確な構文が存在しますし、ましてや、主語、述語をむやみに省略することはありません。異なるバックグラウンドでも確実に伝えるためにはすべてを語ります。

英文法的な話し方（SVOC）

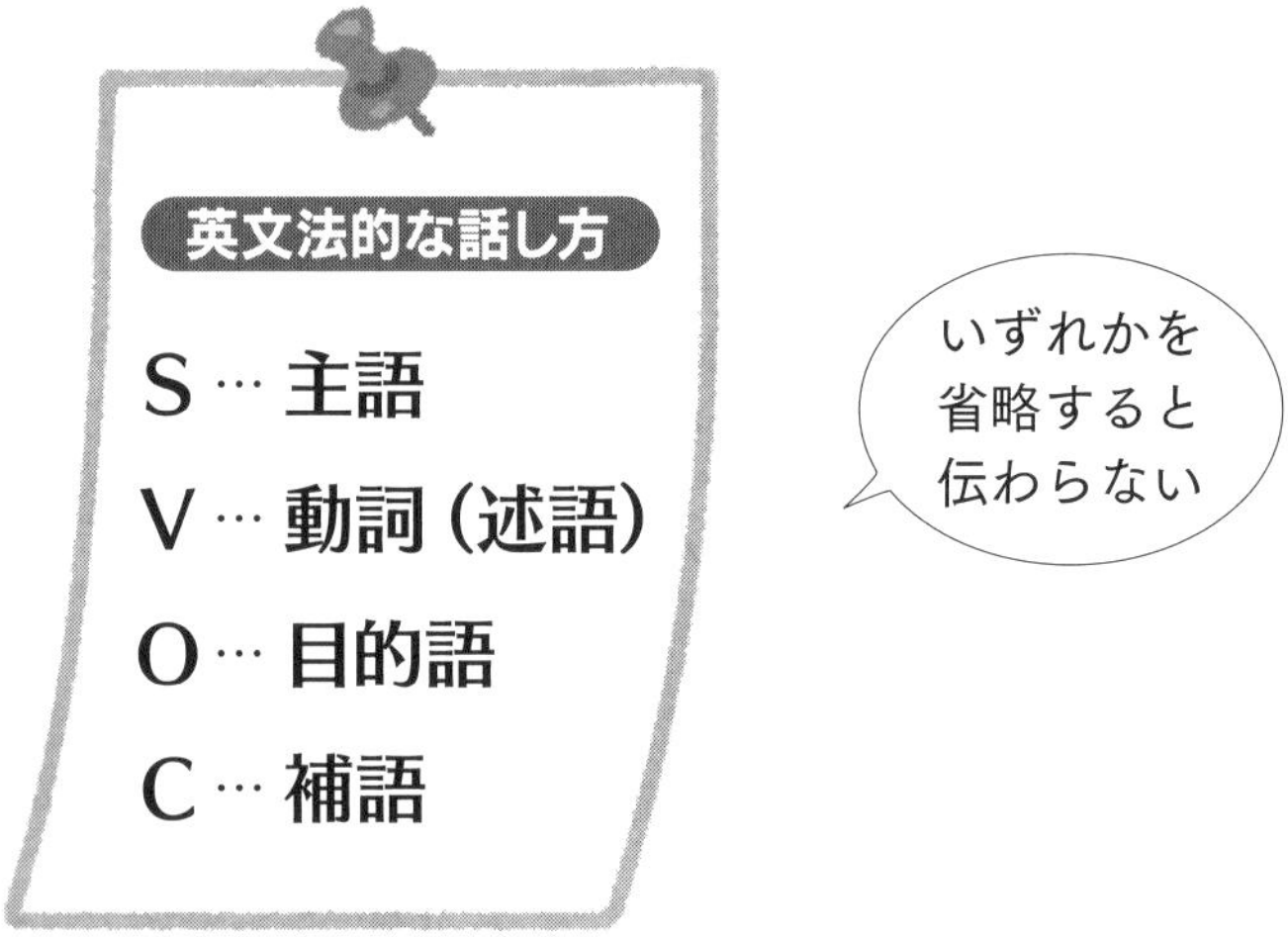

SVO・SVCの構文を意識して誰にでも伝わる話し方を

SVO・SVCという言葉を聞いたことがあるでしょう。Sは主語、Vは動詞（述語）、Oは目的語、Cは補語（SVOを補う修飾語）という、中学校の英語で習う基本の構文です。

コミュニケーションギャップが生まれやすい現代において、**日本語も英語と同じように、話し手の伝達力が求められます**。その基本となるのが、この「SVOC」つまり、主語・述語・目的語・補語を省略しないことです。これを意識するだけで私たちの伝達力・表現力は劇的に上がります。

他にも伝わる話し方をするために、英文法

から応用できるポイントがあります。それは、書くように話すことです。

①主語・述語・目的語・補語を省略しない（何が、どんなだ、何をしてほしいのか　など）
②話す順番を意識する（主語⬇動詞⬇目的語のように結論が先、目的や修飾語は後）
③時間軸を通す（過去⬇現在⬇未来）
④具体的に話す（抽象的な表現を避け、相手に何をしてほしいのかを伝える）
⑤5W1Hで話す（何が、いつ、どこで、誰が、なぜ、どのように　など）

日常生活でもこういった基本的な内容を押さえるようにしましょう。電話を取り次ぐ時は「急ぎです」と伝えるのではなく「○○様が急ぎでお電話ほしいそうです。おかけいただけますか？」と誰が聞いても分かるように伝えましょう。

このくらい話さなくても分かっているだろう、内容が分かっていないのは相手のせい、このくらいは察してくれるだろうという感覚は捨ててください。**これまでの自分のコミュニケーションのクセを矯正していくことで、劇的に伝わりやすい話し方を身に付けることができます。**

3 受身形話法で余計な感情や誤解を与えない

自分の意図した想いと違う受け止められ方をしてしまう

- 失敗した部下に対して、責めたつもりではなかったのに部下がひどく落ち込んでしまった
- 何気ない一言で得意先と言い合いになってしまって商談が進まない
- 販売中にお客様が急に顔をしかめ、話を聞いてもらえなくなってしまった

このように、話している最中に誤解を生んでしまうことは珍しくありません。**特に日本人は「話している内容」と「自分の人格」を混同してしまうことが多いのです。**会議で反対意見を述べただけなのにその後の関係が気まずくなった、という経験を一度は持っている方も多いことでしょう。

本来、人格と主張は別のもので、主張に反対意見を述べることは人格否定につながらな

無生物主語構文
主語
間もなくドアが閉まります。
駆け込み乗車は危険ですから
おやめください。
ドアを
主語にするため
「嫌な」気持ちに
ならない。

いはずです。逆に人格が優れている人が必ずしも正論を話すわけでもありません。多くを語らずとも伝わる文化である日本社会では、人格と主張が一緒くたにされてしまうケースが多いのです。

無生物主語構文は日常の中に活用されている

電車が発信する時にこのような車掌さんのアナウンスが流れます。

「間もなくドアが閉まります。駆け込み乗車は危険ですからおやめください」

毎日何気なく聞いている言葉ですが、冷静に考えてみると、この表現、少し不思議ですよね。ドアが主語になっています。車掌さんがドアを閉めるので、本来「お気をつけください。間もなく（私が）ドアを閉めます」のはずです。あえて車掌さんが主語ではなく、ドアを主語にした受身形（人を主語にしない＝受身形構文）で伝えることによって、受け取りやすい表現になっています。他にも、「お店は21時で閉めます」ではなく「お店は21時で閉まります」というように、店員が主語ではなくお店を主語にしているアナウンスもよく使われます。

これは中学校英語で習う、無生物主語構文（人や生物以外が主語になる構文）ですが、日本語においても使い勝手が良く、多くの場面で見られます。

主語を人以外に変えるだけで、伝わりやすく誤解を生まなくなる

無生物主語構文を使うメリットは大きく2つあります。

①言いたいことを簡潔に伝えることができる
②感情を介在させないで済む

無生物が主語なので、そこに個人の感情は含まれません。これによって相手への配慮に

つながります。

例えば、ミスをした部下に対して言いがちなのが「なぜミスをしてしまったんだ！」という言葉です。この言葉を詳しく分析してみると「（あなたは）なぜミスをしてしまったんだ」と部下（人）が主語になっています。そのため、部下は「自分が責められている」と感じ、自己肯定感が下がります。場合によっては、上司であるあなたに対して「分かってもらえない」という怒りの感情を抱いてしまう恐れもあります。

この場合は「なぜミスをしてしまったんだ」と言うのではなく、「何が原因でミスが起きたのか」と無生物主語構文を使いましょう。「何」が主語になるため、余計な感情を介在させずに済みます。**英語的な話し方を心がけ、不要な感情を介在させないように気をつけましょう。**

「なぜ」を考えても属人的な問題の場合が多く次回への再発防止策が立てにくいですが、「何」を起点として問題点を洗い出せば次回の再発防止策につなげることができます。

4　相手を納得させる過去を飛ばさない話し方

過去を飛ばす話し方とは

見ず知らずの人から「私は絶対に成功するから２００万円貸してください」と言われても、まったく信用しませんよね。これまでの経歴も分からず、何をしている人かも分からなければ、お金を貸すわけがありません。

言われてみれば当たり前のことなのですが、コミュニケーション講師をしていると、このように過去の話を飛ばして事象を話してしまう人がかなり多いと感じます。ビジネスではほとんど初対面の状態から信用を築き、提案を行っていかなければなりません。

なぜ過去の話を飛ばしてはいけないのか

自分の過去の話は、納得感の醸成につながります。なぜならば、**過去の積み重ねが今の自分を作っているからです。**

「なぜこの人がこの発言をしているのか」という今の時間軸の話も、過去のその人の行動・思考習慣から説明がつきます。ポジティブ・ネガティブというように人の性質を表す言葉がありますが、生まれた瞬間からその性質を持ち合わせているわけではありません。過去の行動・思考習慣の積み重ねによって性質が顕在化し、その人を形作っていくのです。人にものを伝え、ファンをつくる際もこの「過去の話」が重要になってきます。思考習慣や提案をした経緯、その提案がうまくいく根拠として過去の話を持ち出すことが大切です。

過去の経験・実績を起点に話すことで提案を通す

私がこの「過去の話」の重要性に気付いた例をご紹介します。実演販売会社の経営者である私は、もちろん銀行をはじめとする金融機関とのやりとり・交渉も仕事の一つです。しかし、「20代で起業」「実演販売という耳馴染みのない仕事」で、金融機関との交渉も初めて。当然、疑いの目で見られながら融資の相談をしなくてはなりません。その際にただ「お金が必要なので融資してください」と言っても聞き入れてくれるわけがありません。

そこで、現在のことも未来のことも、**「過去を起点とした話し方」**を徹底しました。もちろん、今後の事業展望を事業計画書にまとめて、「未来」の数字の話のほか、「現在」の売上からどの程度融資してもらう必要があるのかという話もしました。それだけでなく、次のように数字に対する相手の納得感を高める根拠も伝えました。

「20代で起業して現在、毎月これだけの売上を安定的に上げているのも、過去私が実演販売の仕事に丁寧に向き合い数字にこだわって業務に取り組み、東証一部上場企業をはじめ、多くのクライアントから支持を受け、競合実演販売会社よりも評価をいただいてきたからです。過去これだけ徹底して評価をいただいてきたため、今後も継続してお仕事の依頼が来る見込みで、将来はこのような事業計画を持っています」

というように、あくまでも過去の経験から導き出される現在・過去という話し方を徹底しました。もちろん、実際の融資相談では販売の記録など数字も交えながら話を進め、希望額通りの融資を受けることができました。

営業や販売の際も商品のメリットだけ話すのではなく、過去のストーリーからどう商品が生まれたのか、過去の話から予想される未来図はどうかといった視点で紹介を行うといいでしょう。相手の納得感が醸成され、提案が通りやすくなります。

5　一文字までこだわる

一文字の間違いは人生も左右する?!

自分ではしっかりコミュニケーションを取ったつもりなのに、距離を取られてしまったという経験はありませんか。例えば次のようなシーンをイメージしてください。

5年間交際した彼女へプロポーズを計画し、飲食店を予約。夜景が綺麗で見晴らしも良く、彼女も満足してくれている様子。一流シェフがつくる料理に舌鼓を打ち、料理に合う高価なワインを楽しんでいる。タイミングを見計らって、ついに箱から指輪を取り出してプロポーズをします。

「あなたでいいです。結婚してください」

これでは確実に振られてしまいますね。ムードが台無しです。この文章の違和感は「あなたでいいです」の「で」という一言です。プロポーズを成功させたいなら、「あなた

一文字にこだわる

あなた**で**いいです！
結婚してください！
「で」!?
何言ってんの？
日本語は
一文字で意味が
変わってしまう。

『が』いいです」という文章でなければいけませんね。**たった一文字間違えただけですが、まったく逆と言っていいほど意味が変わってしまいます。**

「で」は妥協であり、「が」は限定なニュアンスを含みます。妥協で話してしまうと「何人かいる中であなたでもいい」というメッセージが伝わってしまいます。一方、限定で話す場合は「他の誰でもないあなたしかいない」というメッセージが伝わります。一世一代のプロポーズが成功するか否かも日本語の一文字にかかっているのです。

一文字の違いによるコミュニケーションエラー

一文字でニュアンスが変わってしまう例は、日常生活の中でも数多く見られます。例えば友人とランチに行った際、何種類かあるメニューの中から選ぶ時、無意識に「それがいい」という人と「それでいい」という人がいます。「が」は自ら進んで選ぶニュアンスを含んでいますが、「で」は妥協です。ファンにさせる人は「が」を使います。

ビジネスシーンでは「今日もありがとうございます」「今日はありがとうございます」という一文字の違いが挙げられます。万能なのは「も」です。「も」はいつも・ずっとといった継続性のあるニュアンスを含んでいますが、「は」は限定的です。初対面の場合は、「今日はありがとうございます」でも問題はないのですが、既に面識のある人同士では避けましょう。「今日はありがとうございます」だと、人によっては「あれ？　いつもはダメなのかな」というニュアンスに捉えられてしまう場合があります。

他に、職場で上司から仕事を頼まれた場合、「やってみます」と「やってはみます」では、まったく印象が異なります。「は」が入ると自信がなく、初めからできなかった時の言い訳を含んでいるように感じてしまいます。自信がない場合はこの一文で済ませようとするのではなく、「やってみます。自信はありませんが」と文を2つに分けて話すと前向きさが全面に出るため、印象が良くなります。

また、一文字でなくともニュアンスが変わる場合もあります。例えば、人に仕事をお願いした時に「いいですよ」と「いいですけど」と言われた場合、どちらが好印象でしょうか。多くの方が「いいですよ」のほうだと思います。「けど」という言葉が入ると、イヤイヤ引き受けているニュアンスが出てしまいます。頼んでいた仕事が完成した時に「できました」と「しておきました」と言われた場合も、受ける印象が大きく違います。「しておきました」はやや恩着せがましく感じますね。そのため、頼まれた方はせっかく頑張ったのに、自分の印象を悪くしてしまう可能性もあるのです。

このようにたった一文字、一言が違うだけで、受け取る側に与える印象は大きく変わります。私たちは普段、**ビジネスにおいてもプライベートにおいても、無意識に言葉を選んでいますが、言葉の持つ重みを感じて、意識的にポジティブな言葉を選んでいくようにしましょう。**たった「一文字」を変えるだけです。それだけで印象をグッとアップできますので、ぜひ今日から実践してみてください。

思考を言葉に具現化するクセをつける

一文字による誤解を防ぐために、自分の話すことを事前にまとめておくことを習慣化しましょう。場当たり的に考えずに話してしまった結果、一文字を誤り大きな誤解を生んでしまいます。特にビジネスシーンでは、人と話す前に自分の話す場面をイメージしておきましょう。これをしておくだけで、言い間違える可能性を大幅に減らすことができます。

自分の思考習慣が言葉に具現化されているともいえます。前向きにポジティブに考えるクセができている人は、「いいですけど」のようなネガティブな言葉は使いません。自分の思考習慣を前向きに、ベクトルが相手に向くように考えることで、コミュニケーションエラーを減らすことができます。言霊《ことだま》という言葉があるように、自分の発する言葉をポジティブにすることで、前向きな思考習慣を身に付けることができるのです。

6 人を動かす4つの力を話に盛り込む

人を動かすことがビジネスの基本

人にお願いをしたり人を動かしたりすることは、仕事でもプライベートでも、社会生活を送る上で当たり前に必要なことです。例えば、「仕事を部下にお願いしてやってもらう」「外注先に業務を委託して納品してもらう」「営業で相手に商品を買ってもらう」「採用面接で面接官に自分を採用してもらう」「上司に休みの申請をして自分の希望を通す」「友だちとお花見をしたいから予定を空けてもらう」などがあります。これらはいずれも相手があって行うことです。

人とコミュニケーションを取らずに、人を動かさずに生活することはもはや不可能です。現代社会を生き抜くためには、「人を動かす力」を身に付ける必要があります。

人を動かす4つの理由

人がその気になって動くのには、明快な理由が4つあります。

①危機感
②効果
③意味
④ビジョン（未来像、大義名分）

例えば、皆さまが会社に勤め、会社の指示・要望通りに行動するのは給料という「効果」があり、会社の「ビジョン」を思い描いているからです。友だちとランチに行くのは、その友だちとの会話が楽しいという「意味」を感じているからです。本書を手に取っているのは「45秒でファンにさせるエッセンスを学びたい」という「効果」と学んだことで自身の人生が好転するという「ビジョン」を持っているからでしょう。生命保険に加入するのは、将来が不安というという「危機感」を持っているからです。

4つの理由は「4つの力」と言い換えることもできます。相手からYESをもらうには、この4つの力を活用することが大切です。ただし、これら4つは確かに人を動かすために大きな力を発揮しますが、**大切なのは動かされた人がどんな気持ちになるかを意識することです。**

相手が気持ち良く動くには、危機感を煽らず、効果・意味・ビジョンで語る

人を動かす４つの力の中でも一番即効性があるのは、本能に訴えかける「危機感」です。しかし危機感を煽る場合、相手の気持ちは決して良くないのです。

例えば、車の販売をする時に「今回ご紹介する車は燃費も良く、最新の危険察知機能を搭載しています。お客様の車にはこういった機能は搭載されていないため、買い替えないとガソリン代は大変なことになりますし、万が一の際、避けられるはずの事故が避けられなくなりますよ」と伝えた場合です。

確かに危機感が働き、買わないと怖いなと感じるかもしれません。ただこれで実際に買っても、その車に愛着が持てるでしょうか。行動の原理が危機感になってしまうと気持ちが良くないですし、買わされた感が出てしまいます。

しかし、同じ条件でも「今回ご紹介する車は燃費も良く最新の危険察知機能を搭載しています。そのため、地球にも優しくエコですしお財布にも優しいんです。お子さんが一緒に乗っていても危険を察知する機能が搭載されているので安心ですね！　地球のためにもご家族のためにもぜひ買い替えをお勧めします！」と言われたらどうでしょうか。

きっと悪い気がしません。しかも、地球と家族のためという大義名分もあり、気持ち良

く運転でき愛着も持てます。このように、**同じ特性で商品を紹介しても「危機感」を切り口に紹介するのか、「効果」「意味」「ビジョン」を切り口にするのかで、買った後のお客様の心情は180度変わります。**特に行動動機にビジョンという大義名分がある場合は、その後の行動も前向きになります。

このように、効果・意味・ビジョンをアピールされてもお客様は嫌な気持ちにはなりません。むしろ使命感が芽生え、「この商品を使いたい」という気持ちが高まります。人を動かす時は、危機感を煽るのではなく、効果・意味・ビジョンを語ること。ファンにさせるという意味で考えた際に非常に大切な視点です。

7 伝わるトークは「間」を使う

話し方を真似してもなぜ実績が出ないのか

皆さまの周りに、話が上手く、相手を引き込んでしまうようなテクニックで営業成績を上げている人はいませんか。そして、皆さまはその人の話し方を真似したり、まったく同じ話をしたりしても成約につながらなかった経験はありませんか。

私も実演販売士を始めたての時、先輩の話し方や話す題材を一言一句完璧にコピーして、販売に臨んでいた時期があります。しかし、先輩と同じような実績は出すことができませんでした。そう、トークが「死んで」いたのです。**トークが死んでいる最大のポイントは「間」がないということに尽きます。**

普段のトーク以外にも「間」が重要視されるものがあります。例えば、能楽の舞台では「間」が多用されますし、漫才でもボケとツッコミには間があります。間をうまく使うことで場が締まり、臨場感を生むことができます。能楽では、芸と芸の間の「何もしない間」を「せぬ隙《ひま》」と呼び、至芸《しげい》（最高の芸）とされました。反対に、間がなく詰めて演じすぎる芸は、見苦しいとされたのです。芸を活かすも殺すも、「せぬ隙」の存在です。もし「せぬ隙」がなければ、趣もなく、現代まで語り継がれることもなかったでしょう。

「間抜け」という言葉があるように、間がないことは、よろしくないことだと、心得ましょう。「間」は芸能だけのものではなく、日常の話し方でも応用すべき技といえます。「間」を日常の話し方に応用すると、自分の話が相手に伝わる時間として働きます。また、相手は自問自答する時間を作れるので、話を正確に理解し納得することができます。

「間」と「沈黙」の違い

相手との関係で自然と生まれるのが「沈黙」で、こちらが意図的につくるのが「間」です。ところが、沈黙が怖く、間もつくれないためについ、話の途中で「えー」や「あー」とノイズを発してしまうことがあります。その余分なノイズが全体のトークの流れを台無しにしています。こういったノイズが生まれてしまう原因は、考えながら話しているからです。**あらかじめ自分の話す内容をまとめておくことで、ノイズを極力減らすことができます。**話のプロであるアナウンサーでさえも、ノイズを発してしまうことはありますので完全になくそうと神経質になる必要はありません。

ノイズを減らすと、その分空いた時間には「沈黙」が生まれます。

沈黙が訪れるとどうしても怖くなりますが、そこはじっとこらえて目線で訴えてください。こちらが意図的につくっているものだと相手が感じれば、その沈黙は「間」に変わります。

また、「間」をつくった後に何を話すか、いつどのように話すかにも注意を払ってください。「間」をつくることで相手の注目を集めている状態ですから、その後は本当に伝えたい言葉をベストなタイミングと話し方で話すべきなのです。

適切な「間」をつくるタイミングとは

間をつくることに慣れたら、今度は「意図的に」間をつくるように心がけてみてください。間をつくるタイミングは、**「自分の伝えたい想い」「共感してほしい内容」「相手に聞かせたい情報」「重要な情報」**の前です。3秒ほど大きく間を作ってみると、伝わり方が劇的に変わります。

一番伝えたい内容をそれまでと同じペースで話してしまうと、聞き流されてしまうか、聞いていたとしても印象に残りません。

実演販売の世界では「お客様の未来を想像させる」フレーズの前に「間」を作ります。お客様自身にその商品を使っている場面をイメージしてもらうことが重要です。その商品を使用した先の夢を思い描いてもらうことで、商品の購入にグッと近づきます。営業職や販売職の方は、ぜひこの点を意識してみてください。

8　相手を退屈させない話し方

なぜ話を聞いてもらえないのか

皆さまは次のような苦い経験はないでしょうか。

自分の評価が決まる重要な会議。プレゼンテーターとして、資料は完璧にまとめ、話す内容も整理してきた。この会議で企画が通れば、評価は上がり昇進も夢ではない。準備万端で話し始めた。初めのうちは参加者全員の視線が自分に向いているのを実感し、緊張しながらもやりがいを感じた。しかし5分も経たないうちに参加者の視線は資料に移ってしまい、誰一人自分を見ていない状態に。10分後には、ペンを回す人やスマホを見始める人が出てきて、明らかに集中力が切れているのが伝わってきた。15分もすると、居眠りをしている人まで出てきた。20分後、万全な準備をして迎えたはずの会議は失敗に終わった。

会議とまではいかなくても、5人、10人の小規模の打ち合わせでも「自分の話は飽きられているのかな」と感じたことがある方もいるのではないでしょうか。こういった場面に直面すると「企画が悪かったのかな」や「資料が細かすぎたかな」と考えがちですが、**じつはプレゼンテーター自身の話し方に問題がある場合が多いのです。**自分の話し方を省みず、企画や資料を分かりやすくしても一向にファンはつくれません。自分の話を聞いてもらうためにも話し方の工夫が必要です。

トークを上達させるための台本の作り方➡88ページ、第3章1参照

話を聞いてもらうために重要な3つのポイント

会議や打ち合わせなど自分が話す際に意識してほしいのが、**「ボディランゲージ」「声のトーン」「話すペース」**の3つです。この3点を意識するだけで聞いてもらえて、かつ、ファンにさせる話し方をすることができます。

①ボディランゲージ

一流のプレゼンテーターほどボディランゲージを行います。まず「真実を語る」イメー

ジを与えたい場合には、両腕を広げる、というやり方です。この動きは心理学的に人を信じさせるポーズと言えます。

また権威性を示すパターンとしては指をつき出すというのが使われます。最近ではアメリカのトランプ前大統領のアクションでお馴染みになりました。大統領など権力者がよく使います。

他にも、額の真ん中に宛てた人差し指をさっと上に動かすというテクニックもあります。これは何かを指し示すイメージを与えるため、数値的なこと、信頼できるデータを基にした話、例えば「最新の統計データによりますと……」というような場面で使えます。

②声のトーン

高い声と低い声では受け取る側のイメージが変わります。高い声は親しみやすく明るい印象を与え、低い声は安心感があって信頼できるイメージを与えます。**話し始める時は明るい声で親しみやすさを与え、重要な話題ではトーンを落として信頼感を与えるといったように、場面に合わせて声のトーンを切り替えることが重要です。**

③話すペース

一般的に人が聞き取りやすい文章量は、1分間に280〜300文字程度といわれています。NHKのアナウンサーが話すペースが1分間に約300文字なので、それを目安にするといいということを皆さまも聞いたことがあるかもしれません。

しかし現代は速いペースで話すことが求められます。なぜならば現在、影響力のあるテレビのバラエティー番組やYouTube、TikTokなどの動画プラットフォームは、すべて速度の速い話し方をしているからです。そのため1分間に350〜400字のペースを意識するとよいでしょう。

話すペースを身に付けるには、紹介する商品やサービスの台本を作成し、何度も声に出して読んでいきます。1回読むのにかかる時間を測定し、全体の文字数から1分間に300〜400字で話せるようになるまで繰り返します。1つの題材で話す速度を身に付けることができると、日常の話し方も変わっていきます。

トークの基本となる台本の作り方➡88ページ、第3章参照

話に緩急をつけて飽きさせない

飽きられるトークには、話全体に「緩急がない」のです。映画をイメージしてみると分かりやすいと思います。映画の前半は、主人公の生い立ちや物語の背景といった物語のイメージを持たせる導入部分なので場面変化は少なくなっています。

しかし、クライマックスに向かって徐々に場面変化が多くなり「次はどんな展開になるんだろう」とハラハラ・ドキドキさせるシーンが多くなります。そして、クライマックスまでさらに速いテンポで展開し、クライマックスでは感動するような演出で人々を沸かせます。

このように、**自分が話す時にも、話の山と谷を考え、山頂に向けてテンポアップしていきます**。自分の話の構成を考えたら、映画のチャプターのように大きく分け、そのチャプターごとに緩急をつけて話していくことで、人を惹きつける話し方をすることができます。

英会話講師業で活かす実演販売士のコミュニケーションスキル

山路真由さん（英会話講師）

本章で述べられていることは、プレゼンテーションや営業においてだけでなく、言語を学習する際にも覚えておくとよい内容です。

例えば本章1項での「短く」「具体的に」伝えるようにする技術。これはまさに他言語を学ぶ学習者へ、母語以外で発話する際に意識するよう伝えていることです。日本人の英語学習者によく見られる現象として、日本語で考えた文をそのまま英文に訳そうとしてしまうということがあります。

母語（日本語）で考えた文は、実は自分でも気付かないうちに複雑になっていることがあります。これをそのまま他言語に訳してしまうと、ニュアンスが変わってしまったり意味が変わってしまったりと、伝わりにくい文になってしまうことが多いのです。それを防ぐために、**まずは日本語で短く、具体的に伝えるようにすることが、他言語でのコミュニケーションにおいても重要なポイントとなってきます。**

次に本章第5項の「考える方向性が言葉に表れる」という箇所。ここを読んでまず頭に浮かんだのは、他言語を話す際に起こる「転移」という現象です。転移とは、母語の文法や語句をそのまま他言語に当てはめようとしてしまう現象のことで、文化的背景についてもこの転移が起こるといわれています。

例えば、日本人には謙虚を美徳とする文化的背景があります。皆さまのなかにも、褒められるとつい「いいえ、そんなことはないです」と言ってしまう方がいるのではないでしょうか。日本人が英語を話す時にもこの謙虚の姿勢が表れる、つまり文化的な転移が起こるので、英語で褒められても同じように否定してしまうのですが、実はこれは英語圏文化では失礼だと思われる可能性があるのです。

思考習慣を変える、つまり考える方向性を変えることは、他言語でコミュニケーションをとるうえでも重要です。

さらに本章第6項の「人を動かす力」については、言語学習に対するモチベーションをコントロールするためにも使える考え方だと思います。例えば、英語学習に対するモチベーションを高めるために「学校の英語の成績を上げなければいけない」

「昇格のために語学試験に合格しなければいけない」という危機感を持つのではなく、効果（この勉強をするとリスニング力がアップする）・意味（日本と他国をつなぐ存在になることができる）・ビジョン（英語をスラスラ話している自分）を意識できるようになると、英語学習に取り組む意味合いがぐっと変わるでしょう。

これは学習者として自分のモチベーションをコントロールする際にも、教師という立場で学習者のモチベーションをコントロールする、つまり学習者を動かす際にも覚えておきたい内容です。

第3章

トークは組み立てと台本で9割決まる

1 ビジネストーク上達のコツは台本作り

なぜトークには台本が必要なのか

「なかなかお客様に購入してもらえない」「営業で思うように成果が出ない」「会議やプレゼンで企画が通らない」といった相談を受けるたびに私がまず確認するのは、目的を達成するための台本を作っているかという点です。

いくら次のような努力を重ねていても、「その場しのぎで話をしてしまっている」のでは提案は通りません。

- 商品について勉強し、資料に穴が開くほど読み込んでいる
- 先方に提出する商品の概要資料の作成を丁寧に行い、時間をかけている
- 会議やプレゼンの際は時間をかけて凝ったプレゼン資料を作っている

このように提出資料にこだわり、時間をかけすぎてしまった結果、自分の話す内容・話

上達のコツは台本構築
場当たり的に
話すのではなく
話す内容を
事前にまとめる

し方がまとまっていないのです。

なぜ資料ばかりに時間をかけ、話すことを後回しにしてしまうのでしょうか。ビジネスシーンではなぜか「話すことは当たり前にできる」と考えられがちです。しかし、考えてみると、お笑い芸人は必ずネタ帳を作りますし、映画制作でも台本は存在します。毎日ニュースを伝えるアナウンサーも原稿を読み上げています。

ビジネスでも重要なのは、台本や話し方なのです。プロのアナウンサーですら原稿を読みながら話すのに、素人である私たち一般人が台本すら持たずに話すことは、銃なく戦場に赴いているのと何ら変わりありません。し烈なビジネスの世界で勝ち抜いていくためには、相応の準備が必要です。

実演販売士がこっそり作る台本とは

私たち実演販売士は、アドリブと思えるようなトークもすべて台本にしています。実演販売士が多岐にわたる商品を扱い、実績を上げることができるのは、皆、自分の台本帳を持っているからです。

まずはその日に扱う商品の台本を作成します。現場に入る前に家族や友人に聞いてもらい、修正しながら仕上げていきます。そしてその台本を基に、実際に店頭やメディア撮影で実演販売を行います。家族や友人などその業界外の人に一度チェックしてもらっているため、初めて扱う商品でも一定数以上の成果を上げます。そして一日の稼働を終えたら、「お客様からの質問」「響いたフレーズ」「良くなかったワード」などを書き出し、ブラッシュアップしていきます。

当然、その場で出てきた質問や受けたアドリブなども台本に書き込んで、次に活かしていきます。このようにして、**実演販売士自身のノウハウ・スキルとして蓄積されていき、**

どんな商品にも対応していけるようになります。

この工程は他の業種にも応用が可能です。現在、私はセールス・コミュニケーション・プレゼンテーションの分野で講演やコンサルティングを行っています。様々な業種の方が参加されますが、多くの方は台本を作っていません。

しかし、台本を作るようアドバイスした結果、**「営業成績が上がりました！」「会議で企画が通るようになりました！」**と嬉しい声をいただくようになりました。台本を作っていないと、せっかくの知識・ノウハウ・経験もその人しか知らない、理解していない状態のままです。これでは、他の人に指導・教育が行いにくくなってしまいます。台本を作ることで、他の人にも共有しやすくなります。伝わるトークの構成をチーム全員が共有できれば、当然、社内の評価も上がります。

台本作りに必要なのは「情報」という「武器」である

台本を作る前にはまず、武器を集めてください。といっても、集めるのは銃や剣ではなく、ズバリ「情報」です。自分が扱う商品・サービスの情報はもちろんのこと、周辺商品や競合商品の情報も徹底的に集めてください。

なぜ情報が武器なのでしょうか。それは、現在はスマホ1つで世界中の多様な情報が取得できるほか、消費者は「情報を買っている」ともいえるからです。

例えば、街中を歩いていて行列ができている飲食店を見かけたら、入ってみようと感じますよね。「行列ができている＝味が美味しいに違いない」という実際に目で見た情報から判断しているのです。意思決定の背後には情報が必ず関わります。

近年ではAmazonやUber Eatsなどの普及によってスマホ内で情報を確認し、購入まで至るケースが多くなっています。スマホが普及した今、お客様は相当な情報を持っています。スマホが普及する前であれば、お客様が情報を持っていなくても会社独自の情報を提供すれば問題はなかったかもしれません。しかし現代では誰もが、例えばGoogle Scholarによる海外の論文閲覧など、あらゆる情報が無料で即座に取得できる時代です。

曖昧な情報を提供することは、お客様に対して失礼であるだけでなく、自分の評価や信用を落とす行為でもあるため、徹底的に情報を集めてください。信用や評価を得るのは大変なことですが、失うのは一瞬です。信用経済と呼ばれる現代において、信用を落とすことはすなわち社会のゲームからはじき出されることを意味します。

台本作りに必要な情報のまとめ方➡112ページ、第3章7参照

ただし、集めた情報をそのまま伝えてはいけません。情報を集めるのは前提ですが、その情報を脈絡なく伝えたところでお客様にはまったく響きません。一度集めた情報を取捨選択し、台本に落とし込んでいきます。

重要な情報をまとめつつ情報を整理することで、分かりやすく納得感のあるトークを行うことができます。これにより「話が分かりやすい人」としてあなたの認知が広まります。

2 台本作りは映画のストーリー構成を意識する

「商品説明」だけではお客様はファンにならない

こんな経験をしたことはないでしょうか。

●価格はこちらのほうが安いのに競合他社に負けてしまった
●購入によってランニングコストが下がる話なのに契約に至らない
●成分について詳しく紹介したのに納得されない

こういったトークの問題点は、商品紹介にお客様が引き込まれていないことです。すなわち、商品のことは理解できたがあなたや商品のファンにならない（納得できない）ため、購入につながらなかったり、運よく一度購入されてもリピート購入されなかったりします。

商品の説明だけなら、営業職や販売職は必要ありません。取扱説明書やパンフレットを読めば事足りますし、商品情報は調べれば分かります。**その商品に意味付けをすることが、営業・販売の役割です。**大多数から一歩抜きん出て成績を上げていくためには「商品説明＋アルファ」の価値が大切です。

映画のストーリーのようにスタートとゴールにギャップをつける

映画のストーリー構成では主人公が成長していく姿や、初めは課題ばかりで絶対に結ばれないと思った主人公とヒロインが最後には見事ゴールインし結婚する姿に感銘を受けるのではないでしょうか。最初から裕福な家庭に生まれた主人公の気ままな生活や、順風満帆なカップルの話は映画として成り立ちにくいものです。

このように映画のストーリーには必ずといっていいほどスタートとゴールにギャップがあります。困難を克服したり、苦労が報われたりする大どんでん返しが多くの人に好まれるため、「○○からの脱却」という構成が映画には隠れているのです。例えば、それは「貧乏からの脱却」「世界破滅からの脱却」「結ばれないカップルの状態からの脱却」などです。

営業や販売、プレゼンの場でもこの映画の構成法を参考にすると伝わりやすく、聴き手をファンにするトークを行うことが可能です。

お客様を悩みから「脱却」させる構成と話法

映画の構成法を自分のトークに活かすには、その商品・サービスがお客様のどんな悩みを解決するのかを考えてみることが大切です。お客様は何から脱却したいのかを考えてみるのです。例えば、ダイエット食品であれば「体重が重いという悩みからの脱却」ですし、育毛剤であれば「薄毛からの脱却」です。治療院など体のメンテナンスであれば「体の痛みからの脱却」です。まずは**自分の紹介する商品・サービスがどのような悩みを脱却するかを徹底的に考え抜き、お客様が使った場合のストーリーを構築します。**

「○○からの脱却」というテーマを忍ばせつつ、紹介話法を構成していきます。そうすると当然、スタートは満たされていない状態から始まります。

例えば、掃除機を紹介する場合を考えると、「現在の掃除機は重い」「電気代が余分にかかっている」「使っている時の音が大きく子どもの読書や勉強が妨げられる」など問題点が見えてくるはずです。**それらの問題点のうち、1つにフォーカスし、脱却する手段としてお勧めする掃除機を提案してみましょう。**

「いつもお掃除の時に掃除機を使いますよね。今お使いの掃除機は起動の際に音が大きくて、お子さんが静かに読書をしたり勉強したりできません。ゴミを吸い込むというパワフルな作業をしてもらっているので、その分、馬力が必要なんですね。そこで今回のこの新しい掃除機は、吸引力を落とさずに騒音を減らす技術を採用しました。皆さま平日はお仕事でお忙しいでしょう。休日に掃除をしたいけど音が気になるという方も多いはず。この掃除機を使っていただければ、休日お子さんが静かに読書や勉強をしている時も掃除ができます。音が静かなので、お子さんの読書・勉強の邪魔にもなりません。これでお子様の成績も上がるかもしれませんね」

この商品を使ったら、お客様が抱えている問題点が解決されていくということがイメージできるのではないでしょうか。トーク全体で「〇〇からの脱却」というストーリーを持たせることを意識しましょう。

3 商品の「売り」だけでなく、お客様にとっての「利益」も伝える

その「売り」はお客様にどんな「利益」をもたらすのか

販売や営業においてファンをつくるためには売り（メリット）よりも、お客様にとっての**利益（ベネフィット）を伝えます**。メリットとベネフィットは何が違うのでしょうか。

例えば「このスマホは容量が512GBの大容量で、写真ではなんと約40万枚も保存で

きます」は、商品を売る側の売り、メリットです。

「このスマホは512GBの大容量で写真がたくさん保存できます。なのでお子様の成長記録も削除することなく撮りためることが可能です」が、お客様にとっての便利さ、ベネフィットです。

私たち実演販売士は展示会のプレゼン代行・MC代行のお仕事も受けますが、ベネフィットを具体的に提示すると、お客様が商品を買う意義・意味が明確になります。特に自社で開発段階から取り組んでいたり、研究でプロダクトアウト（作り手主導の開発）的に商品を発売したりすると、自社製品の優位性（メリット）を伝えがちですが、カメラの解像度が他よりも優れていたとしても、お客様からしたらそこまでの関心はありません。

ベネフィットが明確だとお客様へ思いやりが伝わる

ベネフィットを伝えることを意識すると、皆さまや皆さまの会社が扱う商品・サービスのファンが増えます。お客様にしてみると、自分の立場になって具体的にどう役に立つのかを伝えてくれているわけですから、印象が良くなるのです。

例えば、最新の冷蔵庫を販売している場面を考えてみます。「冷蔵の温度が最適で食品を新鮮に保つことができる」というメリットがある場合、それを伝えるだけでも意識の高い人は購入するでしょう。しかし伝えるべきベネフィットは「鮮度高く食品を保存できるので料理がおいしくいただける」ことであり、さらにいうなら「お子さんがおいしい！と喜んでくれる料理をつくる要になる」という点です。

このようにメリットから一歩踏み込んだベネフィットを伝えることで、お客様の心がグッと近づきます。またお客様が食卓で変化を感じた時に「あの販売員さんから教えてもらって買ってよかった」と感じていただけることでしょう。

右脳と左脳に働きかける

右脳では「ストーリー・物語」を、左脳では「論理性・数字」を処理しているといわれます。ベネフィットを伝える際には、この両方に訴えかけることを意識しましょう。

消費者心理としては**「感覚で商品・サービスを購入し、論理で理由付けしている」**といわれます。例えば、車を買う際「デザインがカッコいいからこの車がほしい」と最初に直感的に判断します。これは右脳による感覚的な部分です。

購入したいという深層心理を持ちながら購入を決め、後から「まぁ燃費が良くなるし、

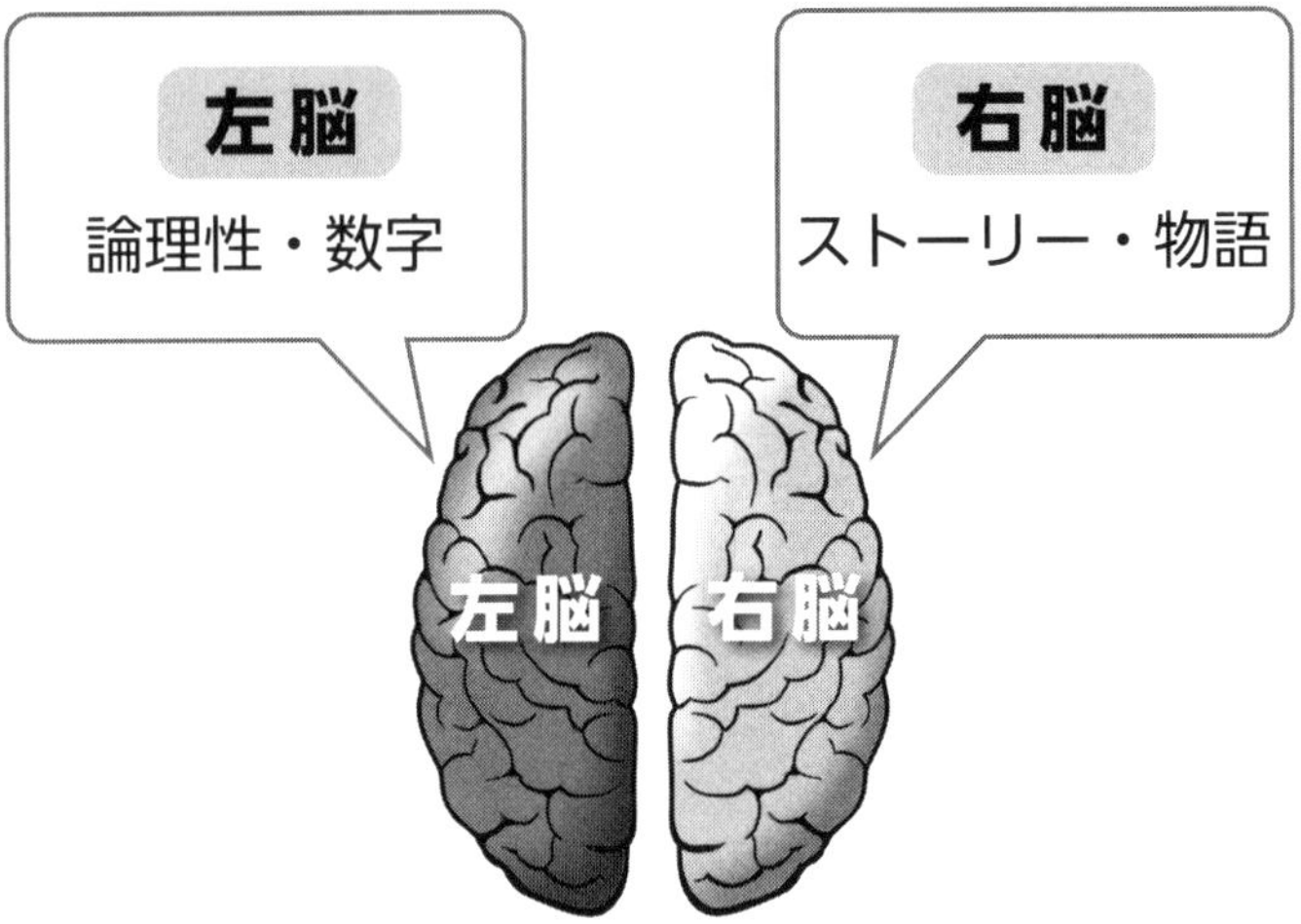

これまでの車よりも丈夫だから家族の安心も守れるし、足回りが広いから長距離運転もしやすくなるし旅行にも行きやすくなるぞ」と理論的に自分の行動を正当化しようとします。これは左脳による論理的な部分です。

商品やサービスを紹介しても**お客様が購入に至らないのは「感覚（右脳）」「論理（左脳）」のいずれか、または両方にメリットを感じてもらえる説明ができていないからです。**

ベネフィットを伝える際は、使用後のイメージ（右脳的）にプラスして、数字的な部分や論理的（左脳的）な証拠を提示することを忘れないでください。

4 悪役を登場させファンをつくる

アンパンマンで重要なのはばいきんまんの存在

国民的アニメ「アンパンマン」はなぜあれほど人気が出るかというと、「ばいきんまん」という悪役の存在があるからです。

アンパンマンたちが平和に遊んでいるところに、ばいきんまんが邪魔をしにやってきます。アンパンマンが応戦するも、顔に水をかけられ弱ってしまいます。しかし、新しい顔に交換してもらいアンパンマンが復活し、ばいきんまんを退治するというストーリーです。

なぜこの物語でばいきんまんが重要なのでしょうか。もし、何事もなくアンパンマンたちが遊んでいるだけのストーリーなら、子どもたちはあんなにも熱狂しないですし、すぐに飽きてしまいます。ばいきんまんは、**ストーリーを盛り上げるスパイス的な存在**になっているのです。

これはビジネスにおいても同じです。販売や営業、プレゼンの際に悪役を登場させると話に緩急がつき、お客様の心を動かすことができます。ここでいう「悪役」とは、「お客様の悩みや困りごと」です。自社製品のメリットばかり伝えていては「ばいきんまんの登場しないアンパンマン」になってしまいます。

悪役が登場するとお客様が商品を「応援」したくなる

ビジネスにおいて、お客様にベネフィットを話していく中で、お客様から「じつはこういった問題があるんですが……」と打ち明けられ、話の展開が変わる場面があります。この時、お客様の頭の中には「この問題をどうやって解決するんだろう」という疑問が生まれます。人間の脳は疑問が生まれるとそれを解決したいと考えるため、お客様は「その答えはまだか」と話の続きが気になり、集中して話を聞いてくれます。**トークを飽きさせない工夫として「悩みや困りごと」という「悪役」の登場は効果的です。**

悪役が登場することでその商品やサービスを「応援」したくなります。ここでいう応援とは、魅力を感じ商品を購入したいと思ってくれることです。

応援という要素は、ファンにさせるために欠かせない重要なものです。悪役を登場させないストーリーが退屈なように、問題提起のない商品紹介では「良い商品だね」で止まってしまいます。そのため、悪役を登場させて「正義の味方」に人気を集めるように、問題を乗り越えるための解決策をストーリーに盛り込むことで、お客様はあなたや商品のファンになる可能性が高いのです。

苦労をまったくしていない人の話は、心に響かず記憶にも残りませんよね。しかし、逆境を乗り越え、課題を見つけ次々にクリアしてきた人の話は、聞く人を熱狂させ応援したくなる魅力があります。**商品・サービスを応援してもらうというのは、信用経済たる現代において非常に重要です。**

「悪役」との比較で商品・サービスの価値は決まる

商品を紹介する際に、どのようにトークの中に問題（悪役）を組み込めばよいでしょうか。例えば、水由来でできた洗剤を紹介しているとしたら、

「これまでの洗剤は界面活性剤・リン・酸といった化学物質が含まれていたので、手荒れ・肌荒れの原因となっていました。地球環境にもよくありません。今回ご紹介する洗剤は化学物質を使わずに水からできています。なので誤って口に入れても安心で、手荒れ・肌荒れの心配もありません。もちろん地球環境にも優しいんです」

このように、これまでの洗剤の問題点を挙げ対比しながら、紹介を行います。自分の紹介する商品・サービスを「正義の味方」に見立てて悪役を倒すストーリー構成を意識してください。

ただし、**競合商品を名指しで誹謗中傷するのは避けましょう**。その商品を愛用しているお客様がいたとしたら、良い気持ちはしません。競合商品においてお客様と共通の敵（悪役）を探し出し、目標達成のために共同して悪役を退治するという構成が大切です。

日本人は昔から勧善懲悪のストーリーに慣れています。アンパンマンもそうですし、水戸黄門など時代劇もこのストーリー構成になっています。日本人が慣れ親しんだストーリー展開を自分の商品・サービスの紹介にも絡めることで、誰もをファンにさせ、伝わるトーク構成ができるのです。

5 起「転」承結のストーリー構成

伝わらない原因はストーリー構成にあり

時間が十分にあれば、紹介している商品についても十分に情報を提供することができます。しかし、情報も多く誰もが忙しい現代においては、短い時間でコンパクトに伝えることが求められます。

私たち実演販売士も店頭で通りすがりのお客様に対して、10分から15分という短い時間で商品をプレゼンし、購入していただいています。その際、常に意識しているのは「時間は有限で寿命に直結している」という揺るがない事実です。どんなにお金があっても時間は買うことができません。時間はどんな人にも等しく、1日は24時間です。その時間を奪うということは、大げさに言えばお客様の寿命を奪っていることに等しいのです。**十分な時間があれば紹介が完璧に行えるというのは、現代において十分なスキルとは言えません。**短い時間できちんと情報が伝わるようにしなければなりません。

その場合、通常の話し方とは異なるストーリー構成をしていく必要があります。なぜならば、1から順番に話を展開していったのでは、限られた時間でコミュニケーションをとる場合、本題に行く前に聴き手の興味が失せてしまうからです。

話は早めに展開させる

一般的には話は「起『承』転結」の順序で進めていきますが、**お客様を最初の45秒でつかむためには「起『転』承結」で進めます。「承」と「転」を入れ替えることがポイント**です。

起「承」転結では、

①起▼物語が始まる
②承▼話が広がっていく
③転▼話が急展開を迎える
④結▼話のオチ

となっています。

これを「起『転』承結」に入れ替えます。

①起▼物語が始まる
②転▼話が急展開を迎える
③承▼話が広がっていく
④結▼話のオチ

「起承転結」は確かに分かりやすく、昔から親しまれている構成ですが、短い時間で伝えるためには展開が遅く、興味が湧きにくくなってしまいます。**短い時間で伝える場合には、話の展開を早くすることを意識しましょう。**

上手な「起『転』承結」の組み立て方

販売や営業において、どのように「起『転』承結」を進めればよいのでしょうか。私たち実演販売士が、店頭やテレビ通販で商品を紹介する場合の例でご紹介します。

①起▼問題提起・課題の共有
②転▼驚きの解決
③承▼商品使用後のイメージ
④結▼クロージング

という構成をとります。お客様に対して問題提起・課題の共有を行った後に、すぐに解決策を提示します。これはホールパート法という、結論から先に話す話し方です。**驚きの解決を早い段階で持ってくることによって、トーク全体にインパクトを与え、お客様を飽きさせません。**販売の現場のみならず、営業や日常生活でも「短い時間で的確に伝えなければならない」場面で非常に有効ですので結論から先に話すことを意識してみてください。

6 接続詞を極めるとトークは伝わる

コミュニケーションにおいて陥りやすい罠

よくあるのが「名詞や数字を間違えないように意識しすぎるためにトークが分かりにくくなってしまう」という現象です。発売の年月日を暗記しようとしたり、コラーゲン・ヒアルロン酸・アスタキサンチンなど複数ある成分名を間違えないように意識してしまったりすることです。自分にとって馴染みのない話をする時に、固有名詞に意識がいきがちです。

例えば「アスタキサンチンは昔から身近に存在するカロテノイドの一種でその抗酸化力はダメージから細胞を防ぎます。優れた抗酸化力の強さはおよそβ‐カロテンの5倍、CoQ10の800倍、ビタミンEの1000倍、ビタミンCの6000倍です。この優れた抗酸化力がアスタキサンチンの最大の特徴です」

こんなふうに言われても、なんだかすごそうだけど、どう優れているのか分からない、聞いている側からすると初めて聞く単語が多くなるため、理解するのに時間がかかります。

実演販売士は、1本100円の歯ブラシから半導体や家電、車まで様々な価格・種類の商品を扱います。当然業界によって必要な知識は異なりますし、様々な固有名詞や数値が出てきますが、**一番のポイントは「接続詞を極める」ことです**。

なぜトークに接続詞が重要なのか

日常生活の中でなんとなく使っている接続詞に対して、もっと敏感になっていただきたいのです。例えば、映画のキャプションをイメージしてみてください。「5年後」というキャプションが出ることで、一瞬で場面転換ができます。話し言葉の場合はそうはいきませんが、接続詞を意識することで映画のキャプションのように話の展開を分かりやすくすることができます。

接続詞には次のようなものがあります。

①順接▼それで、だから、そこで、すると（後には「結果」が続く）
②逆説▼しかし、だが、けれども、ところが（後には「予想外の結果や展開」が続く）
③並立・添付▼また、そして、なお（後には「補足的な内容」が続く）
④対比・選択▼それとも、または、もしくは（後には「前後のどちらかを選ばせるような内

容」が続く）

⑤説明・補足▼つまり、なぜなら、すなわち（後には「説明や補足」が続く）

⑥転換▼ところで、さて、では、時に（後には「話題を変える内容」が続く）

接続詞を効果的に使うために、トークを台本に起こした段階で接続詞を赤丸で囲んでおきます。接続詞を意識することで、後に続くトークはどんなものなのか、文脈同士のつながりもチェックできるのです。

接続詞を起点に台本の構成を見て、まずは適切な接続詞が使われているかを確認します。その台本をもとに話す時は「強調すべき接続詞のみ強調して話す」ことを意識してください。すべての接続詞を強調していては重要な部分が分からなくなってしまいます。特に前述の「②逆説」「⑤説明・補足」「⑥転換」の接続詞は、文脈の流れを変える働きがあり、文章の重要なファクターとなり得るため強調するようにしましょう。

話す際は接続詞の前に「間」を取ることを意識してください。話に緩急がつき、分かりやすく、伝わりやすくなるだけでなく、聴き手の関心を引くことができます。

7　マインドマップで台本作りに必要な情報整理を行う

印象に残る形でインプットするとスムーズにアウトプットができる

商品やサービスを紹介するためには情報を正しく収集し、正しく整理するという工程が重要となります。その際、いかにアウトプットしやすい状態で情報を収集し、まとめるかがポイントです。

例えば、私の苗字「御子神《みこがみ》」は、なかなか正しく覚えてもらえません。そこで「御中や御手洗いの御に、子どもの子、神様の神で御子神です」と伝えると、脳内で具体的なイメージと結び付くため覚えやすくなります。

このように人間の脳は、概念や事象を記憶する何かと結び付けて考えるため、情報のインプットや整理にもこの特性を活用します。

マインドマップでまとめるとすぐにアウトプットできる状態に

「マインドマップ」とはトニー・ブザンが提唱する思考法です。考えていることをあり

マインドマップの例（実演販売士を例に作成）

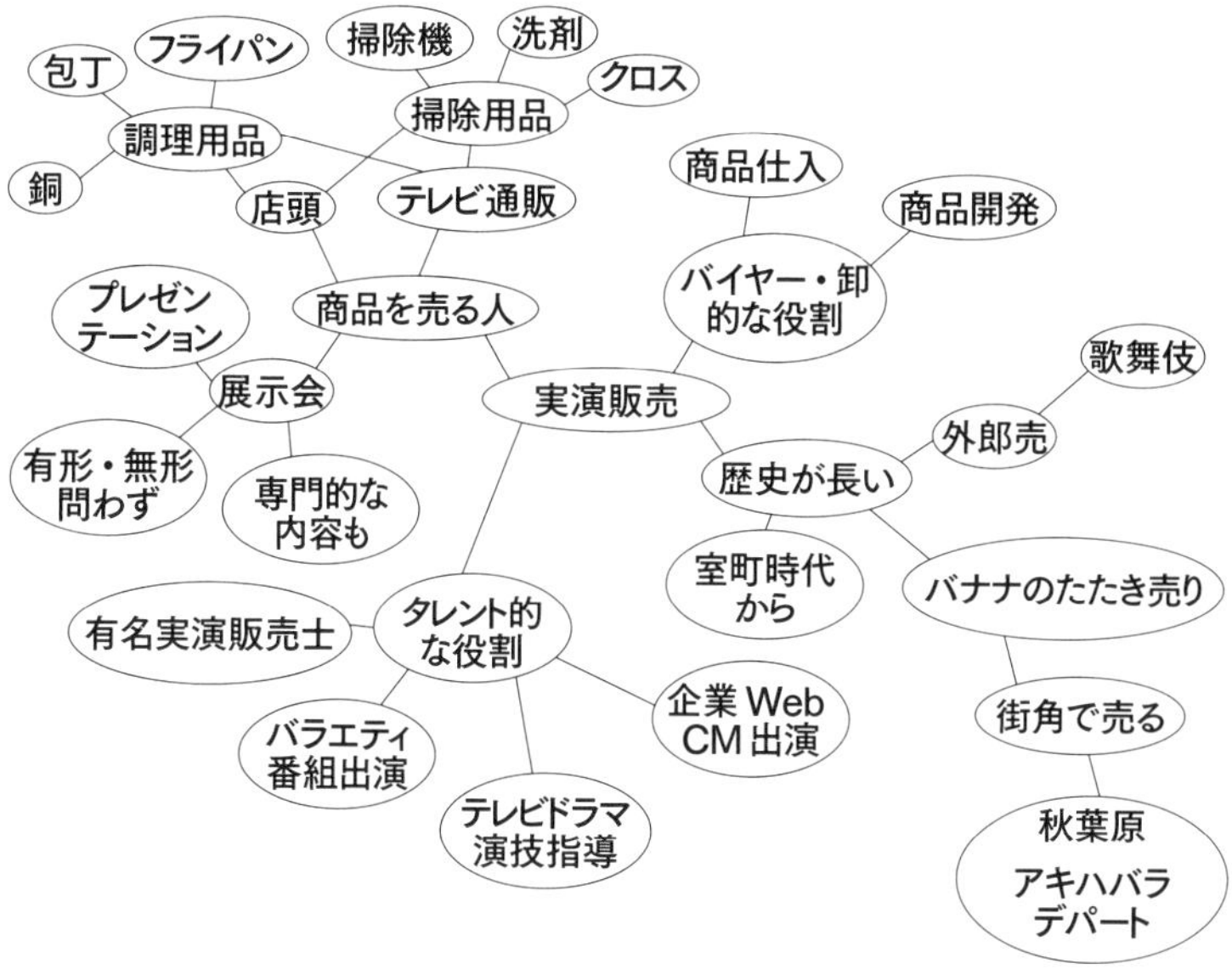

のままに描き出すことによって思考を整理し、**発想を豊かにし、記憶力を高めるとともに、想像と連想を用いて思考を展開することができます。**

マインドマップを活用することによって、複雑な概念も単純に表現できるため理解が早まります。

マインドマップの描き方は、用紙の中心に表現したい概念を置き、そこから放射状にキーワードやイメージを広げ、つなげていきます（上図参照）。

マインドマップによって情報が整理されるため、トークの際に焦ることがなくなります。情報が視覚化されることでイメージが具体的に結び付くため、一度入れた情報を忘れにくく、いつでもアウトプットできる状態にしておけるのです。

色分け・書き足してアップデートし続ける

マインドマップを作成したら、カテゴリーごとに3色（赤・青・緑）で色分けをします。

例えば冷蔵庫を紹介する場合、機能面は赤、冷蔵庫を使うことによるお客様のベネフィットは青、競合冷蔵庫との差別化のポイントは緑という具合です。色分けすることによって情報が分かりやすくなり、記憶に定着しやすくなります。

マインドマップは1カ月ごとに見直して最新情報や関連情報を書き足していき、内容をアップデートしていきましょう。お客様にとって鮮度の良い情報提供を行うことが可能です。

8　３点強調法で伝える情報を絞り込む

人間が瞬時に記憶できる記憶は３～５つまで

分かりにくいトークに共通するのは、情報の整理が甘く、伝える情報を絞れていないことです。重要だから、伝えたいからといって、すべての情報を伝えてしまうとお客様はついて来られなくなり、話を聞いてもらえません。

「マジカルナンバー４±１」という言葉を聞いたことがありますか。「人間が一度に記憶できる数字は４±１まで」というものでミズーリ大学の心理学教授であるネルソン・コーワン氏が明らかにしたものです。人は瞬間的に４±１、つまり３～５の情報量しか記憶できないのです。ここでいう情報量というのは、情報一つひとつではなく情報のまとまり（チャンク）です。人間は情報のまとまりごとに認識するのです。

例えば、電話番号は「０Ｘ０－１２３４－５６７８」のように３つ（３チャンク）に分けることで、短期記憶（秒単位の時間しか保持されない記憶）に定着するようにできています。

「０Ｘ０１２３４５６７８」という表示の場合、チャンクになっていないため脳に負荷がかかり、場合によっては認識をやめてしまいます。この特性に合わせたトーク構成のコツが3点強調法です。

訴求ポイントを3点に絞り、メインメリットから話す

3点強調法とは「特に伝えたい点を3つに絞って強調し伝える」というものです。例えば、AI搭載の最新の電子オーブンレンジを紹介する際、様々な情報の中から、

①ムラなくしっかり焼ける
②業界最軽量・最小でコンパクト
③AI搭載で利用者の好みに合わせてメニューを提案

という3点に絞って紹介をしていきます。また3点強調の際はメインメリット・サブメリット1・サブメリット2と順番をつけ、「メインメリット」から話すようにしましょう。

電子オーブンレンジの例で言えば、メインメリットは「ムラなくしっかり焼ける」です。多くの方が最新技術や話題の情報をメインメリットに据えがちですが、お客様の視点に立

つとＡＩを搭載しているから電子オーブンレンジを買うわけではありません。「調理をするために」電子オーブンレンジを購入します。つまり、ＡＩ搭載の最新機能というのはサブメリットなのです。

このメインメリットを先に話さないと、お客様は「本当に美味しく焼けるのかしら？」と疑問を持ったまま話を聞くことになるため、集中力が削がれてしまいます。

また３点強調法を利用して紹介する際は**「この商品の良いところを３つに絞って紹介します」**というように、初めに３つの強調点を提示しましょう。これにより、お客様は話のゴールが分かった状態で聞くため、集中力を保つことができます。また話の大筋が分かった状態で聞くことになるため、後は提示されたエビデンスが正しいのかどうかを確認していくだけの作業となり理解度も増します。

9 提案を通しやすくする語尾

会話の中にも戦略が必要

普段の何気ない会話もビジネス上の商談も話す目的を持っています。究極的には「人を動かすこと」であり、**目的なく商談を進めていては成果を上げることは困難です。**

会話の中で心理効果を活用する方法 ⬇ 152ページ、第5章参照

実演販売士は通りすがりのお客様をその場でファンにさせ、10分～15分という短時間で購入を決めていただかなければなりません。その分、言葉の使い方の小さなミスが命取りとなるため、言葉には最大限こだわります。特に語尾は、ささいな違いで伝わるニュアンスが大きく変わります。

実演販売士が使う語尾とは

「一貫性の原理」という言葉を聞いたことがありますか。人は無意識に自らの行動や発言、態度を貫き通したいと思う心理を利用した効果のことです。一貫性の原理を働かせ、お客様が思わず「YES」と言ってしまう語尾を実演販売士は使っています。

例えば、「〜でしょ」「〜ですよね」「〜なんですよ」などがあります。通販番組を思い浮かべていただくとイメージがつきやすいと思います。

これらは訴えかけの語尾になりますが、お客様も心の中で思わず「そうだな」と肯定してしまう問いかけになっています。**心の中でYESと言っていると、そのお客様の行動に一貫性が出てきます。すなわち、「この商品を肯定的に受け止めている」というスタンスの確立です。**

この語尾が一番効果的なのはクロージングの場面です。お客様に商品を勧める最後の一言を「お勧めです」ではなく「いかがでしょう？」と表現を変えるだけで提案が通りやすくなります。トーク全体を訴えかけの語尾に統一することで、違和感なく一貫性の原理を働かせながら提案の肯定を誘導することが可能です。

接客業のスキルを活かし、実演販売会社のフランチャイジーに取り組む

桑原進一郎さん（実演販売会社フランチャイズオーナー）

私は株式会社スティーブン・ラフテルという会社の代表取締役として、熊本市を中心に複数の飲食店を経営しています。アルコールを提供する飲食店のため、夜間の勤務が多く、結婚や出産を機に飲食業界を離れ、昼の時間帯の仕事に転職する社員が複数名いました。また、今後の人生を考えた時、いずれは昼の時間帯の仕事をしたいと望んでいる社員も多くいました。

そこで私は、**「接客で培ったコミュニケーション能力を、昼の時間帯で活かせる新しい事業はないものか」**と考えました。そんな時、YouTubeで御子神さんが実演販売の仕事について語るインタビュー動画を見つけました。

実演販売の仕事は、昼の時間帯の仕事でもコミュニケーション能力を活かすことができ、なおかつ本人の努力次第で高収入を得ることができると知りました。早速私は、御子神さんにダイレクトメールを送りました。

御子神さんは、実演販売の業界が未経験で、しかも面識もないにも関わらず、私を快く受け入れてくださいました。弊社の事業の悩みや今後の展望を話した結果、御子神さんが代表を務める株式会社 Aves のフランチャイジーとして九州支社を運営していくことになりました。

市場調査をしたところ、九州には実演販売に特化した会社がないため、ブルーオーシャンだと分かり、競合が現れる前に早急にノウハウを得る必要がありました。

弊社が接客に特化した業種を運営していても実演販売とはまったく異なる業種のため、どこまで再現性があるのか、そして本部がある名古屋と距離が離れているためどこまで学ぶことができるのか、不安がありました。しかし、**研修はオンラインやメールなどを活用しながら遠隔でも十分に「ファンにさせる技術」を教わることができ、実践することができました。**経験がない段階でも実績を上げ、多くのメーカーから評価・指名をもらうことができたのです。

実演販売の仕事には5つのメリットがあります。

①事務所、電話があれば始められるので、初期費用が圧倒的に安い
②仕入れがないので在庫を抱える必要がなく、ロスもない
③経費のほとんどが人件費なので利益率が非常に高い、また仕事が入らない限り人件費が発生しないため赤字リスクが低い
④PR動画の出演オファーもあるため、コロナ禍であっても仕事が途切れることがない
⑤メーカーからの指名が増えれば毎月定期収入が狙え、管理に手間もかからないため、現在の事業と並行して運営していくことができる

以上のことから、**実演販売事業はリスクが少なく、大きな利益を見込めると実感しています**。ここまで手厚くフォローしてくれたり、フランチャイズ展開していたりする実演販売会社は他にないため、トライしてみたい方は個人・法人問わず、問い合わせしてみることをお勧めします。

今後の人生に大きなプラスになると思います。

第4章

五感に訴えて好印象を与える心理テクニック

1 第一印象は最初の6秒と見た目で決まる

第一印象の重要性

「6秒5年」という言葉を聞いたことがありますか。**「お客様と対面した6秒間の印象がその後5年間続く」**というものです。皆さまにも、一度行った飲食店の店員さんの態度が悪かったので、二度と足を運ばなかったという経験があるのではないでしょうか。しかし皆さまも、周りの人からそう思われている可能性はあるのです。

初頭効果といって「人は相手を第一印象で認識する傾向がある」という心理効果もあるくらいです。第一印象はビジネスの成功を大きく左右する、という意識をもって臨みましょう。

メラビアンの法則を意識し、いつでも人に会える状態を保つ

メラビアンの法則とは、カリフォルニア大学ロサンゼルス校の心理学者アルバート・メラビアンが提唱した概念です。「コミュニケーションを取る際、どんな情報に基づいて印

メラビアンの法則

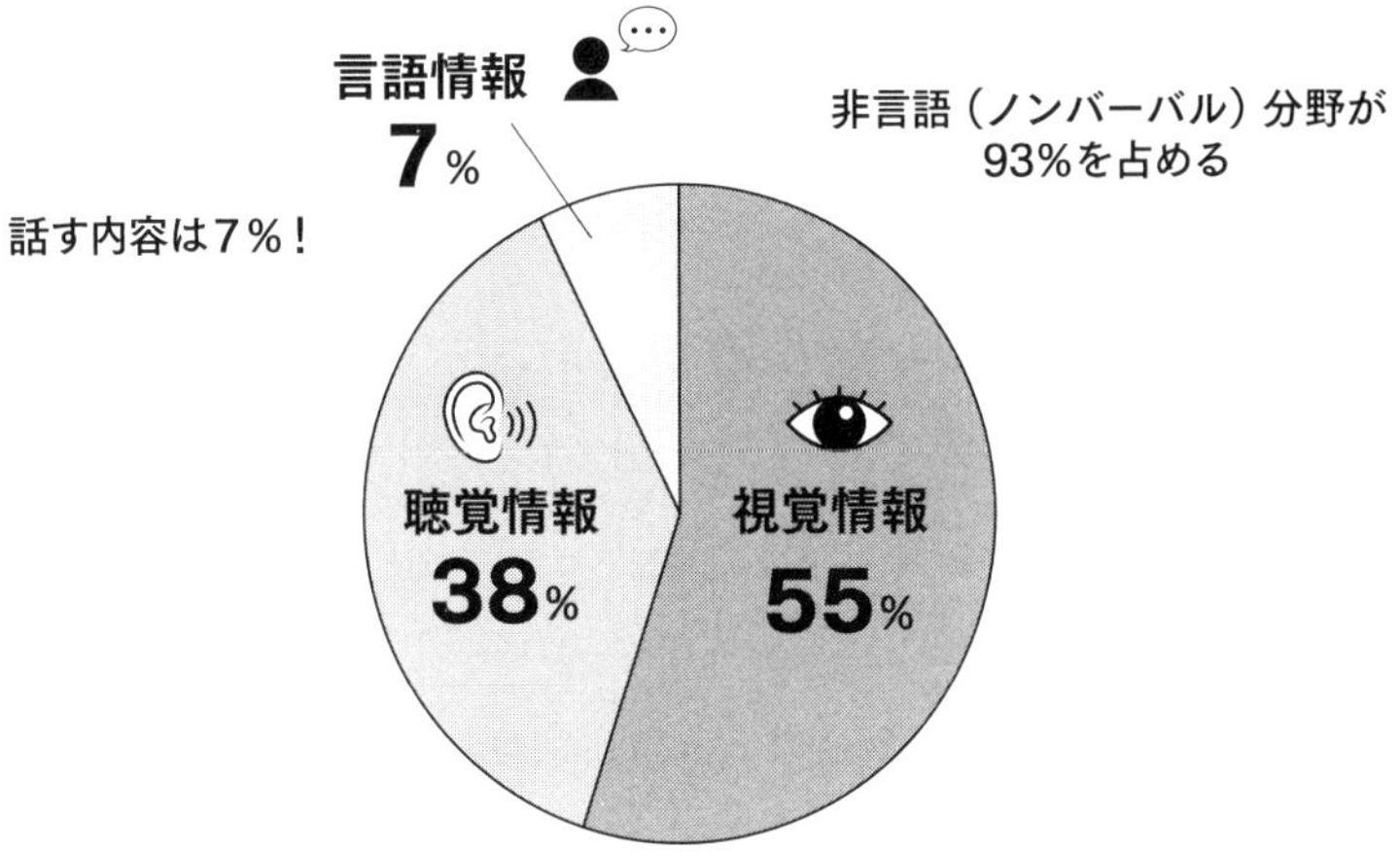

象が決定しているのか」を検証したところ、人は視覚、聴覚、言語の順に印象を決めていることが分かりました（上図参照）。

・視覚情報（見た目、仕草、表情、視線）…55％
・聴覚情報（声の質や大きさ、話す速さ、口調）…38％
・言語情報（言葉そのものの意味、会話の内容）…7％

メラビアンの法則からも分かるように、第一印象は非常に重要です。**ビジネスシーンで意外と人によく見られるのは「靴」です。**ビジネスシューズの手入れは毎日行いましょう。だらしない印象を与えないよう、清潔感を意識した服装を心がけます。

表面化の8カ条

① 性格は顔に出る
② 生活は体型に出る
③ 本音は仕草に出る
④ 感情は声に出る
⑤ センスは服に出る
⑥ 美意識は爪に出る
⑦ 清潔感は髪に出る
⑧ 落ち着きのなさは足に出る

思考習慣や生活習慣はにじみ出るもの

上図の言葉を聞いたことがありますか。

「見えない」部分もじつは無意識ににじみ出て、相手に感じ取られています。「ファンづくりは日頃の生活から」ということを強く意識し、日頃から思考習慣や生活習慣に気をつけましょう。

2 評価を上げる視覚効果

能力以前に印象で評価が決まる

①と②はある人物の評価です。どのような印象を持ちますか。

①知的な、腕が立つ、勤勉な、温かい、てきぱきしている、実際的な、注意深い
②知的な、腕が立つ、勤勉な、冷たい、てきぱきしている、実際的な、注意深い

両者の違いは「温かい」と「冷たい」だけです。**たったこれだけの違いでもまったく違う人物像がイメージされますよね。**では次の場合はどうでしょうか。

①知的な、勤勉な、強力な、非難的な、頑固な、嫉妬深い
②嫉妬深い、頑固な、非難的な、強力な、勤勉な、知的な

第4章

両者の内容は同じですが、順番が異なっています。①は「欠点はあるが能力のある人」、②は「欠点があるため能力があっても残念な人」という評価がされました。また採用の模擬面接の実験では、

③清潔感があるが、能力が劣る人
④清潔感はないが、能力の勝る人

を比べた際、③の人を採用する傾向にあったそうです。これらの実験に見られるのは「ハロー効果」という心理作用です。**ある目立った特徴や最初に抱いた印象が、全体の評価に大きく影響することを示しています。**

前述したメラビアンの法則と合わせて考えると「初対面で見た目の印象がいいほど高評価を受けやすい」ということが導き出されます。日常生活で少し意識を変えるだけで話し相手に好印象を与え、その後の交渉を有利にすることができるのです。

身だしなみ	爪を切っている	➡	細かいところまで身だしなみを意識している人
	髪色が派手でない	➡	常識がある人、落ち着いている
	服にシワや汚れがない	➡	清潔感がある
	口臭・体臭のケアをしている	➡	気遣いができる人、清潔感がある
姿勢・行動	歩幅が大きく、ペースも早い	➡	堂々としている
	いつも笑顔でいる	➡	親しみやすい、明るい
	「手伝いましょうか?」と声をかける	➡	周りをよく見ている、親切な人、気遣いのできる人
	礼儀作法がしっかりしている	➡	常識のある人

清潔感があると仕事ができる印象を与える

ハロー効果を活かして、自分にとって有利な印象を相手に与えることができます。ポイントは**「相手に清潔感を与える」**ことです。清潔感があると仕事ができるように見え、一緒に仕事をしたいと思ってもらえる可能性も高まります。

今日からできる好印象を与える身だしなみ・姿勢について上表にまとめます。

ほかには、男性の場合、肌のテカリを抑えるようにしてください。テカリは不潔と感じる最大の要因となります。洗顔ペーパーなどを携帯し、商談前などに適宜使用しましょう。女性の場合、首元に明るめの色（白や黄色、シルバーなど）を合わせると顔全体が明るい印象になります。

3 話の印象を左右する聴覚効果

声にこだわるトーク術

視覚情報の次に重要とされるのが聴覚情報です。メラビアンの法則によると印象の38％は話し方や声の質といった聴覚情報に左右されます。私たちは無意識のうちに声のトーンや話す速度を調節しています。

しかし、発声にはクセがあるため、ビジネスシーンでは不適切な場合もあるのです。**何気なく使っている「声」の使い方を工夫することで、第一印象で好印象を与える「ファンにさせる」発声の仕方に変えることができます。**

心地良い話し方は好印象につながる

「声美人」といわれるように、聴覚に届く音声情報が人の気持ちをぐっと惹きつけることがあります。また音声で取得した情報が「美しい」「誠実だ」と人物像に結び付くこともあります。

心地良い声、穏やかな気持ちになる声、聞いていて疲れない声。快適な声は、相手の記憶に強く残ったり、メッセージを届けやすかったりと聴き手に対して働きかける力を秘めています。

実演販売士も自分の声を研究し、トレーニングを積み重ねることで、お客様の耳に心地良く思いが伝わる話し方をしています。

声のトーン・テンポを工夫して差をつける

聴覚情報は複数の要素によって構成されています。例えば早口で話す人は「せっかち、緊張、落ち着きのなさ」を連想させます。小さな声で話す人は「自信のなさ、気の小ささ」を連想させるかもしれません。話す速さ、滑舌の良さ、強弱のつけ方、声の大小、間の使い方、声の高さ・低さ（トーン）、口調、声の響きや幅など、複数の要素が組み合わさり、鼓膜を通して**情報として取り込まれ、受け手の中で統合されて「イメージ」、つまり印象を形成します。**

持って生まれた声質は人それぞれで違いますが、それを活かしつつ、変えるべきところはトレーニングと心がけで変えることができます。

声のトーンですが、高い声は親しみやすく明るい印象を与え、低い声は安心感と信頼感を与えます。そのため、話し始めや初めて話す時などは高い声を出すことで親しみやすい印象を与え、商品・サービスの説明など重要な場面やクロージングでは低い声で話すと効果が高まります。

YouTube・TikTokなどでは速いテンポの話し方が主流なので、テンポを意識しつつ、滑舌や声のトーンを高めにする、重要な部分では間を取るなど相手の耳に届きやすくする工夫を怠らないようにしましょう。

4 印象影響度7％の言語情報が持つ意外な重み

たった7％しか影響を与えない「言葉」の大切さ

前述のメラビアンの法則で説明したように、言語情報が影響を与える割合は7％です。

私もセミナー等で「初対面で取得する情報のうち、言葉の分野は7％」と説明しています。7％というととても少なく感じますが、7％が全体に与える影響は決して小さくはありません。

例えば料理でいえば、食材を炒めて調味料で味付けをする際に、料理全体に占める調味料の割合は7％よりも少ないかもしれません。しかし、もし調味料を間違えて入れてしまったら、まったく違う味になりますね。

割合が少ないからこそ、話す内容や言葉遣いは厳選することが大切です。

初対面で話すべき内容

「類似性の法則」という心理効果を聞いたことがありますか。自分に似た人には好意を抱きやすくなるというものです。初対面の人との会話では「共通の趣味」「自分と似た部分」を見つけて話題に出すようにすると、相手も「なんとなく自分に似ている」「自分に興味を持ってくれている」と感じて好意を抱きやすくなります。

「幼少期の経験を話すと相手が好意を抱きやすくなる」といわれています。出身地の話を振ってから「どうやって育ったんですか」「子どもの頃から今の職業に就こうと思っていたんですか」などと話を掘り下げていくと、不思議と打ち解けることができます。

初対面で話す内容に困ったら「質問をすること」を意識しましょう。ビジネスシーンでは、どうしても自分から話題を提供しなくてはと考えがちですが、「どう思いますか」「ここまでの話で質問はないですか」などと投げかけることで話題が広がります。

自己開示でファンにさせる

初対面かつ、45秒でファンにさせるためには「自己開示」が重要です。ただし、「自己開示」と「自慢話」を間違えてはいけません。自分の経歴や過去の武勇伝を話すのはただの自慢です。自分の話ばかりする人に対していい感情を持つ人は少ないです。

「自己開示」と「自慢話」の違いは**「目の前の相手に合わせて自分の話ができているかどうか」**です。人は自分に関係があることに対して興味を持ちます。適切な自己開示を行うためには相手の理解が不可欠です。事前に相手のことを把握し、相手にとって興味の湧く話をする必要があります。

今はSNSなどで情報を発信している人が多いですから、実際に会う前にFacebookや「Twitterなどで相手の情報を収集しておき、相手が興味のある分野で自己開示を行うと好感を持ってもらいやすいのです。

5 五感の優先順位を見極める

五感には人によってクセがある

五感には、活用するにあたって優先順位があります。人には様々なクセがあるように、五感のうち、何を優先するか、どのくらい重要視するかは人それぞれで異なっています。これを心理学では「五感のクセ」と呼んでいます。

何万人とお客様を見てきた実演販売士として言えるのは、**コミュニケーションがうまくいかない原因は、五感のクセを見極められないことにあります。**分かりやすく言えば、「言葉が通じないこと」にあるということです。

ここでいう「言葉」とは日本語という言語ではなく、「常識」や「思い込み」というフィルターです。「多くの人がこう考えている」という無意識の思考習慣がコミュニケーションを妨げます。

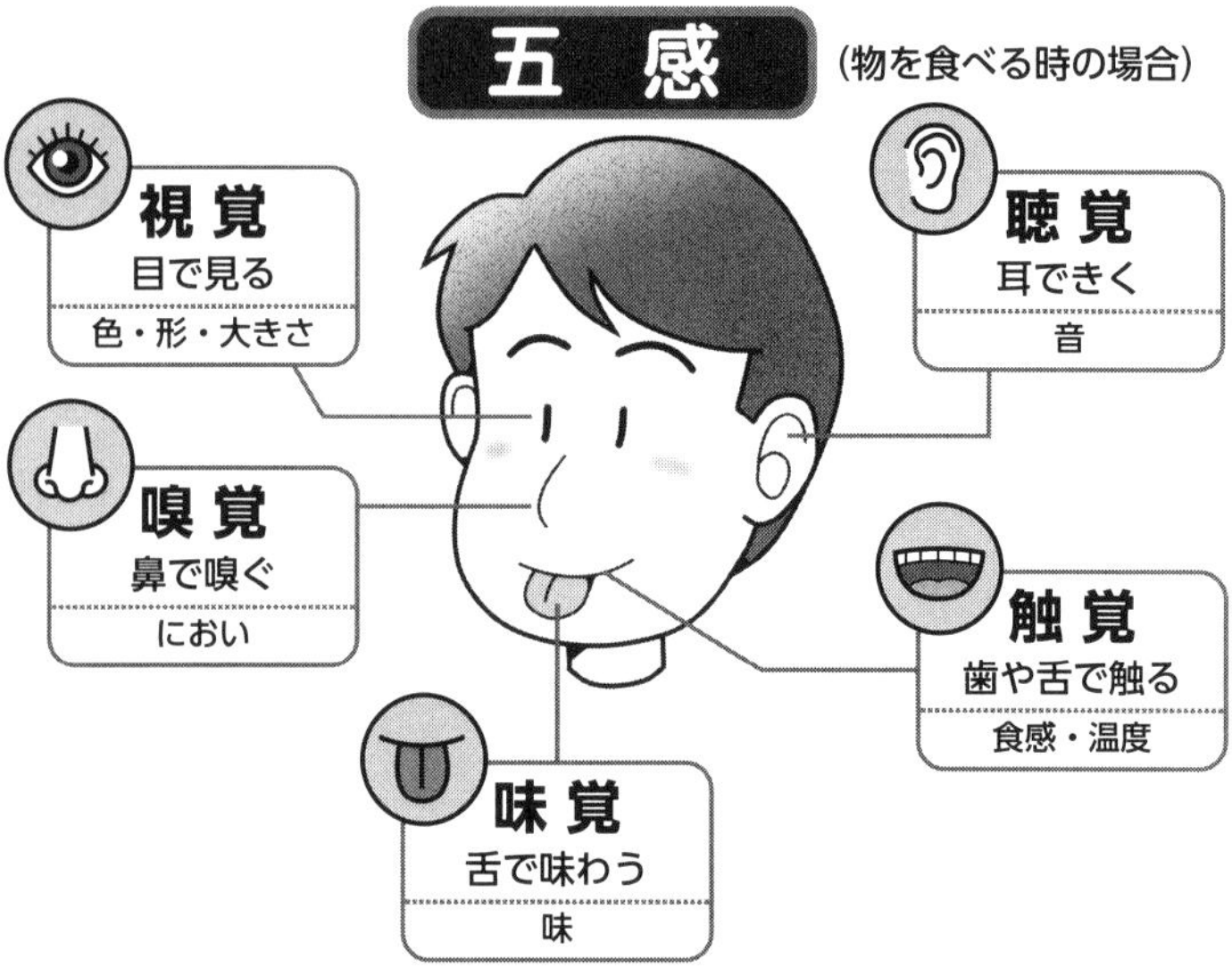

人間の情報の入り口は五感であり、五感を通して膨大な情報が私たちの脳の中に流れ込みます。脳はその情報を目的に合わせて処理しています。

五感からの情報量を多い順に並べると「視覚」「聴覚」「嗅覚《きゅう》」「触覚」「味覚」となります。順位が下がるごとに100倍ずつ情報量が落ちていくともいわれます。しかし、状況に応じて、人それぞれの順位は変わっていきます。

五感のクセがコミュニケーションを妨げる

相手の五感のクセを理解せずに会話をすると、コミュニケーションエラーが起こりやすくなります。例えば、お客様Aさんと営業マンBさんの会話を見てみましょう。

Aさん「私にはどうしても御社の将来性が見えてこないんだよね……」
Bさん「どうしてそう感じるのでしょうか」
Aさん「御社が将来どういう企業になりたいのかが見えてこないんだよ」
Bさん「弊社では社員一丸となって前に進んでいくという気持ちがありまして、社員のモチベーションが高いのでうまくいくと感じます」
Aさん「空気感でなく数値的な見通しがほしいんだが……」

AさんとBさんに会話のすれ違いが起きています。**発言に注目してみると、Aさんは「見える」「数値」など視覚情報を重視している一方、Bさんは「感じる」「進む」といった全体的な身体感覚を重視しています。**これは視覚情報重視・身体感覚情報の重視どちらが正しいという話ではなく、脳の情報処理が人によって異なる例を表しています。

第4章

相手の五感のクセを見極め、優位な五感に訴えかけてコミュニケーションを取る必要があるのです。先ほどの例であれば、

Aさん「私にはどうしても御社の将来性が見えてこないんだよね……」
Bさん「そうなんですね。どうすれば具体的に見えてきますか？」
Aさん「今後の売上の推移やターゲットの年代の年齢層を見せてもらいたいな」
Bさん「分かりました。では資料をお見せしましょう」
Aさん「これまで美容に取り組んでいなかった30代・40代の男性をターゲットにしている点に成長が見込めるね」

といったように、目で見える資料や具体的な数値を見せることでコミュニケーションのズレを大きく改善できます。

これは実演販売でも顕著に表れます。例えば、視覚優位のお客様は実演販売を行っている卓からかなり離れた場所で遠巻きに全体を見ています。全体を見渡して視覚情報を得る

と落ち着く、安心できるという無意識の五感（視覚）のクセがあるためです。聴覚優位のお客様は真正面ではなく、左右の端で実演を見ています。視覚ではなく話を聞いて決めたいため、余計な視覚情報が入りにくい両脇で話を聞いている場合が多いのです。身体感覚優位のお客様は「自分で試したい」「触ってみたい」という感情が強いため、真正面で見ている場合が多いのです。

よって実演販売で人だかりをつくろうと思ったら、実演の冒頭でこの身体感覚優位の人に響くワードを多めにします。五感のクセは行動にも現れます。

相手の五感のクセを知る方法

突然の質問で相手を困惑させることで、相手の五感のクセが見えてきます。**ポイントは目の動きです。**例えば「自宅ではどんな種類の冷蔵庫を使っていますか?」とこちらが質問した時に目線が上を向いて喋る人は視覚優位の人、横に目線が行く人は聴覚優位の人、下に目線が行く人は身体感覚優位の人です。

さらにこちらから見て左側（本人から見て右側）を向けば「未来」について考えている時、こちらから見て右側（本人から見て左側）を向けば「過去」について思い出そうとしている時だといわれています。

相手の五感のクセをつかみ、言葉を選んで話すとコミュニケーションが非常に取りやすくなり、相手からも「話の分かる人だ」と信用を勝ち取ることができます。

6 五感の中で「視覚の優先順位が高い人」に響く言葉

視覚の優先順位が高い人の特徴

- 映像や写真を見るのが好きで、スマホの解像度までこだわる
- 電灯がついていないと寝られない
- 面食い。見た目がタイプでないと恋愛対象にならない
- デスクや部屋が整理整頓されている
- 数字など結果が見えないとやる気が起こらない
- マインドマップなど視覚的に情報をまとめたほうが記憶しやすい
- 話す時に視線が上を見がち

- 早口。話している間に連想ゲームのようにイメージが湧くため、話があちこちに飛びやすい
- 話して伝わらないと「資料を見て」と言う
- 漢字を覚えるのが得意（漢字には形があり記憶しやすい）
- 写真は「引き」で撮る
- 学生の時に席替えでは一番後ろが好きで席が後ろだと落ち着いた

このように、視覚の優先順位が高い人は目で見て判断する傾向があります。整理整頓をするのは、目で見てどこに物があるか一度で判断したいからです。話を続けることが苦手なため、視覚に頼れるような資料を持参し、話が右往左往しないように工夫しておくことが大切です。

視覚の優先順位が高い人に話をする時は、相手が視覚的にイメージしやすいトークを行うように工夫しましょう。

新しさをアピールする

視覚の優先順位が高い人は、とにかく新しいことや新しいものが好きです。自分の想像を膨らませて商品を見たいからです。**「世界初」「新発売」「最先端」「近未来型の」といった、真新しさや先進的なイメージを表す表現をすることで興味をもってもらいやすくなります。**

営業の際には、数字を口頭で述べるだけでなく、グラフなど目で見て分かる形で表現するようにしましょう。相手の理解が早まり、記憶にも残ります。口コミや評判よりも新しさや数値を重視する傾向にあるため、提案でも「これまでにない機能を搭載しており」「このソフトを使うと作業にかかる時間が25％削減でき」など表現を工夫しましょう。

部下の育成においても同様で、例えば文字ばかりではなく、図解を多用して一目で分かるマニュアルを用意することが大切です。トークも実際に聞いて覚えさせるのではなく、文字に起こし、図解してまとめるようにすると、視覚の優先順位が高い部下は成長が早まります。

7 五感の中で「聴覚の優先順位が高い人」に響く言葉

聴覚の優先順位が高い人の特徴

- 音楽が好き。イヤホンの音質にもこだわる
- LINEで文字を送るよりも電話が好き。長電話も平気
- 仕事中にラジオが流れていたり、話し声が聞こえたりすると集中できない
- 自分が話題になったり褒めてもらったりするのが好き
- 声の調子や言葉に敏感
- 声の調子から相手の気持ちを読み取るのが得意
- 言われたことをそのまま繰り返すことができる
- 口コミが好き
- 評判を重んじる傾向にある
- 論理的な道筋を立てて考える傾向が強い。理屈っぽい
- 音に敏感なため、眼球が左右によく動く

●暗記は聴いて覚えるのが得意
●英語が得意（英語は表音文字で音に意味があるため）

視覚の優先順位が高い人は音で判断し、音で覚える傾向にあります。声質や声の調子を判断するのも得意なので、例えば同じ「好き」という言葉でも相手が面倒くさそうに話しているというのも読み取ってしまい、一人傷ついてしまうこともあります。口コミを重視する傾向にあるため、買い物をする時も事前にお店や商品の口コミを調べる傾向がありま す。

口コミの力を活用する

聴覚の優先順位が高い人は商品やサービスに対する周囲の評判に敏感です。例えば**「人気がある」「噂されている」「〇〇も認めている」などの表現が有効です**。口コミを比較して一番を決めたいタイプなので、具体的な数字データがあると効果的です。人気ランキングも大好きなので「人気サイトで1位をとった」「主婦雑誌〇〇号で読者投票1位になった」など数値的な実績があれば伝えるようにしましょう。

褒められることも大好きなので、「商品・サービスを使えば周囲から高評価が受けられます」と伝えるのも有効です。ただ「デザインがいい」というよりも「デザインがスタイリッシュで周囲からかっこいいと褒められます」と言ったほうが響きます。

部下の育成においては、営業トークなどは文字でマニュアル化するよりも、実際に音声で聞かせたり、自分のトークを音声データにして提供してあげたりたりすると聞き直しができるのでよいでしょう。

8 五感の中で「触覚・嗅覚・味覚の優先順位が高い人」に響く言葉

触覚・嗅覚・味覚の優先順位が高い人の特徴

- 一緒に歩いていてやたらと顔を近づけてくる
- 写真は「寄り」で撮る

●物事を判断する時は、合理的根拠ではなく「勘」に頼りがち
●毎日同じランチでも平気
●体を動かすことが好き。筋肉が好き
●暗記は書いて覚える
●感じながら話すので会話のテンポが遅い
●話す時には視線を右下に動かしやすい
●早口で話されると情報処理が追いつかない
●落ち着いているので大物に見られる

このように触覚・嗅覚・味覚の優先順位が高い人は、実際に触ったり見たりして物事を判断していることが多いのです。**勘に頼るのも、昔からの行動習慣・思考習慣で導き出されるためと言われますから、数字やデータなどよりも自分の感覚を元に判断している傾向があります。**

身体感覚に結び付けて話すとイメージがつかみやすいため、「便利」「ためになる」というよりも、「ピタッと手に付くグリップ感」「手の中でしっくりくる大きさ」「肉汁たっぷ

りでおいしい」などと実際の使用場面をイメージするような言葉を入れると話が伝わりやすくなります。

多機能性をアピールする

「これさえあれば何もいらない」といった、**万能な性能に惹かれる傾向があるため、「万能」「多目的」という言葉が響きやすいのです。**例えば「台所だけでなく床にも使える万能な洗剤」「身体やお顔の下地クリームなど多目的で使える日焼け止め」など、応用例や使用例などを多く提示すること効果的です。使った時にどんな実感が湧くのか、どんな気分が味わえるのかをイメージさせると、お客様は話に引き込まれます。

部下の育成においても、実際に起こる様々なビジネスシーンを肌で感じられるように、ロールプレイングを多く取り入れましょう。相手の表情や切り返しなどを実際に体感し覚えることで、自分の持ち味にしていくことができます。

五感に訴えるテクニックで「普通」からの脱却

川瀬桂晶《よしあき》さん（実演販売士）

皆さまは今まで仕事やプライベート、学生生活など、人とのつながりの場で「五感に訴えるテクニック」を意識したことはあったでしょうか。おそらく、多くの方は「そこまで考えたことはない」「見えやすいよう、聞こえやすいように心がけてはいるが深く意識したことはない」などと答えるのではないかと思います。

かくいう私も、実演販売という仕事を始めるまでは、五感に訴えるテクニックについて次のように考えていました。

- 分かりやすい商品説明やプレゼンは仕事において必須スキル
- 学生時代からレポート発表や接客業のアルバイトなどで経験も積んできたので「普通に」できる

しかし、**この「普通」という意識が最大の落とし穴だったのです。**

接客や販売時のトークで手応えをつかみ、それなりに成果を上げていると思っていても、じつは周りのスタッフと同じようなことを喋っているだけの「普通」レベルかもしれません。お客様や取引先から見ても、ありきたりな「普通」の説明という印象しか残っていないかもしれません。

私は化粧水や乳液の実演販売を任されることが多くあります。お客様に対して「保湿力が高い」という説明だけでは「パッケージやカタログを見れば分かる」「他の美容部員さんも同じようなことを言っていたし、目新しさがない」と評価をされてしまい、よほどのきっかけがないかぎり、購入に結び付くことはありませんでした。

普通の接客をしていたら、評価も成績も普通レベルから脱することができないことを実感したのです。

そこで御子神さんから「五感に訴えたトーク」の重要性を学びました。視覚や聴覚のみに訴えかけるトークに加えて、テスターやサンプルを使ってお客様自身で肌に塗っていただいたり、製品の香りを嗅いでいただいたりするなど、触覚や嗅覚にも訴える説明をしたことで、より多くの売上を上げられるようになりました。

質感や匂いは、別にあってもなくてもどちらでもいいのです。「意外にしっとりしてますよね」「サラサラしてますよね」「無香料なのでクセがなく使いやすいですよね」など、どんな説明でも構いません。

触覚と嗅覚に訴えることによって、**お客様には商品知識だけでなく「実際に使った場合の擬似体験」をしていただきました。**いかに五感にアプローチできるかでお客様がこの商品、商材を実生活の中で使った場合の想像を掻き立て、ご購入への道筋がグッと明確になります。

これが唯一無二の擬似体験へ誘う「プロの接客」といえるのではないでしょうか。

第5章

相手から YESをもらう 心理テクニック

1 説得力のあるトークには偉い人の「お墨付き」がある

権威に従うという人間の心理

例えば、子どもの受験の家庭教師を選ぶ際に「東京大学卒業の塾講師」と「その他大学卒の塾講師」がいる場合、スキルが同じだとしても東京大学卒業の塾講師にお願いしたいと思うのではないでしょうか。

心理学者スタンレー・ミルグラムの実験でも、**人間は権威に服従する**ということが如実に実証されています。例えば「違うと思っていても上司の指示に意見できない」「商談の際に役職の高い人が相手だと正しい意見のように感じる」といった具合です。

権威性のあるデータはトークの冒頭に入れる

「学会での研究データ」や「有名人の使用実績」など、権威性のあるデータを商品説明の冒頭に持ってくることで「この話は聞かなければ損」と相手に関心を持ってもらうことができます。例えば「歯科医の90%が使いたいと答えた歯ブラシ」「女優の○△さんが毎日使っている美容液」などのように使います。

ポジションチェンジで自分の権威性を高める

場面に合わせて自分のポジションを変えることで、権威性を持たせることができます。例えば、私は実演販売士として活動する時、店頭での仕事はエプロン姿で行います。しかしメークアップアーティストとしての顔も持っているため、化粧品の販売を行う場合は黒いシャツ・黒いズボン・黒い靴・メークポーチを腰にかけるなど、メークアップアーティストのポジションで商品紹介を行います。また、トーク術やプレゼンテーション術についての講演会やセミナーの場合はスーツ姿で登壇します。

このように場面に合わせたポジションを明確にし、服装や見た目で表現することによって自身の権威性を高め、提案を通しやすくする工夫をしています。薬のＣＭに白衣を着た医師が登場したり、食べ物のＣＭに制服を着たシェフが登場したりするのも、商品を良く見せるための権威付けといえます。

自分にはそんな肩書きがないという方でも、これまでの経歴や人によく聞かれたことを考えてみるとポジションチェンジができます。教わる側から教える側になるということです。例えば、元々は趣味でSNSを使っていたが運用がうまくいき、フォロワーが増えて人から運用方法を聞かれるようになったという人がいれば、それはまさしく「SNSの先生」であり、そのポジションで話をすると権威性を持たせることができます。

皆さまも自分の強みを書き出し、そのポジションから話をしていくことを意識してみてください。

2 自分からGIVEをすると、相手はもらった恩を返したくなる

試食をすると買わなきゃと感じてしまうわけ

スーパーなどで、おいしそうなウインナーの匂いに誘われて試食すると、買わないと気まずいという感じになり、買ってしまったという経験はないでしょうか。

私たち実演販売士も、何か配れるものや提供できるものがある場合は無料で先にお渡しします。例えば、炊飯器の実演では実際に炊いたお米をお客様に食べていただいたり、化

粧品の実演販売ではサンプルを先にお渡ししたりします。

展示会のプレゼン代行の実演販売では、何かしらのノベルティ（ボールペンやクリアファイル）を先にお渡しします。**紹介する商品と関係がないものであっても先にお渡しするのです。**これをするのとしないのとでは、その後の商品紹介への関心の持たれ方や購入率がまるで変わります。

恩義のルール（返報性の原理）

「してもらった恩と同等のお返しをしなければならない」と考えてしまうのが恩義のルールです。例えば、誕生日プレゼントをもらったらお返しをしなければならないと感じ、パーティーに呼ばれたら相手をパーティーに誘い返さなければいけないと感じてしまうものです。

何かしてもらうと概して恩を受けたように感じることから「恩に着る」という意味の言葉が「ありがとう」と同義語になりました。これは世界中どの言語でも見られる傾向で、人間社会を形成する大きな基盤となっています。

このルールは相手が知らない人や嫌いな人、関係のない人であっても、先に恩を売られてしまうとその要求に応える可能性が高くなります。すなわち、余計なお節介であっても恩を感じてしまいます。

フランスの有名な文化人類学者マルセル・モースは、人類の文化の中で贈答という行為を取り巻く社会的なプレッシャーについて述べています。そこには**「与える義務、受け取る義務、お返しをする義務がある」**とされます。

自分からGIVEすることでファンを増やす

ファンづくりにおける恩義のルールは、物を配るのではなく、有益な情報を提供したり、相手を思いやる言葉をかけたりすることです。恩義のルールは物を渡した時にだけ作用するわけではありません。

よくお金を取らんとばかりに情報を出し惜しみする人がいますが、ファンをつくるという観点からいうとマイナスです。自分の持っている情報を先に提供することで相手も恩を感じ、自分のファンとなりえます。自分の持っている情報は、出し惜しみせずに与えていきましょう。自分からGIVEを増やすことであなたのファンが増えます。

3 相手に自ら決めさせ、決まったことを貫かせる

人は一度決めたことに一貫性を取ろうとする

自分が口にした考えや行動を撤回するのは勇気がいります。それは、これまでの言動とは矛盾しないようにしたい（見せたい）という「一貫性の原理」（119ページ参照）が働くからです。**著名な心理学者たちは、この一貫性の原理を人の行動の核となるモチベーションであると見なしています。**言動に一貫性があると、概して性格も良く、頭も切れ、論理的で良識と落ち着きがあり、裏表のない人とみなされます。

提案は小さな要求から始める

一貫性の原理は、営業や販売、プレゼンテーションなど提案を行う際に利用することができます。小さな要求と承諾を繰り返し、やがて大きな要求を突きつけた時、最終的に「ＹＥＳ」を引き出す、「段階的要請法（フット・イン・ザ・ドア）」という方法です。

「段階的要請法（フット・イン・ザ・ドア）」⬇171ページ、本章8参照

店頭の実演販売であれば、商品紹介をする前から小さな要求をしていきます。例えば「噛みつきはしないのでちょっとだけ前に詰めてください」「良ければこの雑誌見てみてください」と**小さな要求を繰り返すことで、その後の商品提案も通りやすくなります。**

また、複数の商品を紹介しているのであれば、金額の安い商品から提案していきます。金額の安いものなら「このくらいなら買ってもいいかな」と感じますよね。そうして金額の安い商品を購入していただいた後に、本命の商品を紹介すると購入率が高くなります。

ファン化の第一歩は小さな応援から

ファンづくりにおいては、「小さな応援」をしてもらえるように心がけましょう。例えば、営業の際に自分が取り組んでいるプロジェクトの話をして応援してもらったり、「今度イベントやろうと思ってるんだよね」と周りの友人に言ったりするなど、自分の行動を応援してもらえるように意識してみてください。

はじめは小さな応援で、自分の実績にはすぐに結び付かないかもしれません。しかし、

その小さな応援によって「あなたを応援したい」という気持ちが芽生え、一度芽生えた気持ちに一貫性が働くため、徐々にあなたの固定ファンとなっていきます。

4 提案は「理由付け」で通りやすくなる

提案が通らないのは話し方が原因

こんなことを考えてしまい、「相手に提案をするのが苦手」という人は多いのではないでしょうか。

- こんなお願いをしたら相手に嫌われるのではないか
- 強引にお願いをしてクレームになったらどうしよう
- 仕事をお願いしても部下が思い通りに仕事をやってくれない

しかし、**ビジネスにおいて「提案」は避けては通れないものです。**営業・販売では自社

第5章

製品を「買ってください」というお願いをしていますし、企画会議では自分のアイデアを提案します。経営者であれば金融機関に融資をしてほしいという提案をします。イベントや動画制作をする時も関係者を巻き込むために提案を行います。プライベートにおいても、家庭で奥さんにお小遣いの金額を上げてもらいたい時や、旅行先を決める際にも提案をしています。

このように私たちは日頃から提案を行っていますが、多くの人は苦手意識を持っていて、クロージングになると途端に弱腰になってしまいます。このような相談は私のもとによく舞い込んできます。

たった一言で提案が通りやすくなる

カチッサー効果という言葉を聞いたことがあるでしょうか。これは、人が外部からの働きかけによって無意識に反応してしまう心理効果です。例えば、**誰かに提案をする時、理由を添えるだけで承諾率が上がるといった現象を指します。**

ハーバード大学の心理学者エレン・ランガーが実験で証明した効果ですが、大学のコピー機の前に行列ができていて、その行列に割り込みをするという実験が行われました。

「先にいいですか？」と理由を言わず割り込んだ場合、約6割の人が順番を譲られ、「急いでいるので先にいいですか？」と理由を添えて割り込んだ場合、9割以上の人が順番を譲られたと報告されています。**理由付けをするだけで1・5倍も要求が通りやすくなったのです。**

興味深いのは「コピーを取らなければならないので先にいいですか」という理由を添えた場合も、9割以上の人が割り込みを認めたということです。みんなコピーをするために並んでいるのですから、正当な理由にはなりませんが、「急いでいるので」という理由を告げた場合と割り込みを認められる割合は変わらなかったそうです。

この実験から分かるように、どんな理由でも提案したほうが相手の同意を得やすく、その理由はなんでもよいのです。

販売や営業、SNS発信で「理由付け」を活用する方法

販売において多くの人がつまずくのはアプローチ、お客様に足を止めていただく声かけの部分です。「ぜひお試しください」と言うよりも「この時期にお勧めの商品なのでお試しください」と「理由付け＋提案」を行います。営業においても「お求めください」ではなく「御社にとってプラスになる商品なのでお求めください」と理由も提示するようにします。

SNS発信でも理由付けを行うことが大切です。ただ単に「コメントをお願いします」というよりも「更新の励みになるのでコメントをお願いします」、単に「フォローをお願いします」というよりも「有益な情報を見逃さないためにフォローをお願いします」としたほうが相手は行動を起こしやすくなります。


実演販売士や一流の営業マンがよく使う「○○なので○○ください」という「理由付け

＋提案」の言い方をぜひ身に付けてください。

5 同じ情報でも見る角度・話す順番・書き方で印象を変えられる

表現の仕方で印象はコントロールできる

①「成功率95％の手術」
②「2000人のうち100人が死亡する手術」

この2つの文章を比べた時、自分が手術を受けるならば①を選ぶのではないでしょうか。しかし、よくよく考えてみれば①も②も言っていることは同じです。同じ内容でも「成功」と「失敗」のどちらに焦点を合わせるかによって随分と印象が変わります。もしあなたが医者ならば①の表現をすると、患者さんはポジティブなイメージを持つため手術を受けようという気持ちになります。このように、**同じ情報でも見る角度・話す順番・書き方**

などを変えることで印象を変える心理作用のことを行動経済学で「フレーミング効果」といいます。

紹介する商品の特性に応じて表現を変える

推進商品は、ポジティブな要素にフォーカスし「得をしたい」気持ちに訴えると効果的です。大抵の商品はポジティブな要素に訴えることで説得しやすくなります。

例えば、牛ひき肉の品質を評価する場面では「脂身25％」と表示するよりも「赤身75％」と表現したほうが「味がよく脂っこくない」と評価されたという実験があります。同じく、顧客アンケートでサービスに不満を感じる人が3％いたとしても、「満足度97％」と表現したほうが共感を得られたことも分かっています。このように、**一般的な促進商品の広告宣伝では、ポジティブな要素を訴えたほうが効果的であることが分かります。**

一方、予防商品は、ネガティブな要素にフォーカスし「損をしたくない」気持ちに訴えると効果的です。

例えば、満足度50％の防犯商品があった場合は、ポジティブに「この予防対策で50％の人が安心できます」と言うよりも、ネガティブに「何も予防しなければ50％の人が危険なままです」と表現したほうが説得力も高まります。人は得をする感覚よりも、損をしたくない感覚のほうが2倍以上強いためだといわれているからです。

6 「例え話」でトークが格段に分かりやすくなる

理屈が完璧でも相手に伝わらなければ意味がない

私たち実演販売士はトークのプロと呼ばれます。話が上手い人というと、知識が豊富でまくし立てるように喋る人という印象があるかもしれませんが、**重要なのは聞き手への理解です。**

自分の持つ情報が豊富でサービスがいかに素晴らしくても、それが相手に伝わらなくては意味がありません。自分の話に対してしか意識がいっていない状態だと「言っていることは分かるけど賛同できない」という人になってしまいます。これではファンにさせることはおろか、商品やサービスを販売することもままなりません。

相手が理解しやすくイメージを持ちやすい話をするためには「例え話」をふんだんに用

いることです。

例え話は右脳に働きかけ印象に残りやすい

例え話を用いるとなぜ理解が進むのか。そこには脳の働きが関係しています。脳を左脳と右脳に分けて見ると、左脳は数値的・論理的思考を司り、右脳は空間的・イメージを司るといわれています。**例え話を用いることは相手の右脳に訴えかけることになるため、分かりやすく印象に残りやすいトークとなります。**

「ナノテクノロジー」という言葉を例に挙げます。「ナノ」とは大きさを表す言葉で、10億分の1を意味します。この情報は正しいのですが、日常生活ではなかなか触れない単位なのでイメージがしにくく、どのくらいの小ささなのか分かりません。

しかし「地球の直径を10億分の1にすると、およそ1円玉くらいの大きさになります」と表現されたらどうでしょうか。地球と比べてそれだけ小さな1円玉になるというのは、とてつもなく小さな単位であることが伝わります。

一流の実演販売士は専門用語を使わない

一流の実演販売士は専門用語をほとんど使いません。専門用語を使ったとしても、お客様が理解できなければ商品の良さが伝わらず、購入につながらないからです。そのため、専門用語ではなく例え話で説明をしています。

状況説明や考え方を伝える際も、自分の感覚だけで伝えるのではなく、共通の友人の例を出すなどすると話が分かりやすくなります。私も販売促進の企画を取引メーカーに説明する際に、同じような業種や商材の例やテレビ通販の例を引き合いに出し、企画意図を説明します（もちろん守秘義務に触れないように注意します）。それによって、安心感と納得感を持ってもらえます。

専門用語を使わずに相手が理解できるように話すことは、ファンにさせるトークの基本です。ぜひ相手に寄り添った例え話を用いた話し方をマスターしてください。

7 クロージングを成功させるには基準点をつくる

クロージングは日常生活でも行われている

商品紹介を行い、最後の一押し「買ってください」とお願いするのがクロージングです。営業や販売において、途中までいい雰囲気で進んだのにクロージングがうまくいかずに注文が取れなかったという経験がある人もいるのではないでしょうか。

ビジネス以外でも、私たちは普段から何気なくクロージングをしています。例えば、友だちと旅行に行く際、自分の行きたいところを提案しそのプランにすることや、家族でテレビを見る際にどのチャンネルを見るかなどです。プロポーズもある意味クロージングです。提案を通す重要なポイントであるクロージングの技術を極めることは、営業力・販売力を向上させることはもちろんのこと、日常生活の交渉の中でも役立ちます。

基準点をつくるとなぜ提案が通りやすいのか

クロージングの際に意識したいのは、人の行動を決定づける「基準点」をつくることです。「アンカリング効果」という心理効果を聞いたことがありますか。アンカリングはアンカー（船のイカリ）が語源となっています。船はイカリを下さなければ遠くまで行ってしまいますが、イカリを下ろすと限られた範囲内でしか動かなくなります。

価値基準は人により異なります。例えば、1本120円のペットボトルのお茶を高いと思うか安いと思うかは人それぞれです。普段スーパーでまとめ買いして1本50円で買っている人ならば高く感じますし、普段自動販売機で150円のお茶を買っている人ならば安く感じるでしょう。喫茶店で一杯1000円の抹茶を飲んでいる人ならばさらに安く感じます。

1本120円のお茶に基準点をつくることで、判断基準が明確になります。例えば「このお茶の定価は150円で今日だけ120円です」と言われれば、誰の目から見ても値引きされていることが分かります。このように基準点をつくり価値判断を分かりやすくしましょう。

比較対象をつくった後、細分化する

定価がない商品の場合には「比較対象を自分でつくる」ことが大切です。例えば、最新家電を扱っているならば「これだけ最新の技術を扱っていたら値段は10万円くらいするのかなと思ってしまいますが、8万円でのご提供です」、化粧品でオールインワンジェルを扱っているのであれば「化粧水・乳液・美容液・クリーム・マスクがこれ1つに入っているのですが、全部別々に買ったら値段の安いものであっても総額で3000円くらいします。ところがこの商品は1500円です」といったように**比較対象を出し独自の基準点をつくることで、お客様が商品の価値を判断しやすくなります**。

また、基準点をつくった後、価格を細分化することで安く感じてもらうことができます。スマホの月額料金が3000円であれば1日あたり100円、1カ月間使えて1500円のクリームであれば1日あたり50円といった具合です。また、お試し価格の商品と本商品を比較してもらい本商品にお得感を持ってもらうという方法もあります。

例えば、50g700円のお試し品と200g2500円の本商品がある場合は、まず700円のお試し品から勧めます。「お試し品から始めようかしら」とお客様がその気になってから「実は割安な大きい容量のものもあって」と勧めることで、本商品の成約率が上がります。

8 提案は簡単なものから始めて徐々に大きくしていく

いきなり大きな提案をすると通りにくい

実演販売士は1本100円の歯ブラシから車まで様々な商品を扱います。同じ化粧品でも、1000円以下の商品を扱う時もあれば、1万円を超える商品を扱う時もあります。その際に意識しているのが**「いきなり大きな提案を行わない」**ことです。

これは、「段階的要請法（フット・イン・ザ・ドア）」という、小さな頼みごとを承諾させてから徐々に大きな頼みごとを承諾させていくと要求が通りやすいという心理効果によるものです。ここには「一貫性の原理」（119ページ参照）も大きく関わります。人間には一度決心した行動や発言、信念などを貫き通したいと思う心理的な作用があります。何気ない小さな要求を承認することで、要求を引き受ける自分という整合性を保とうとするのです。

このフット・イン・ザ・ドアは営業や販売のほか、日常生活でも活かせます。

第5章

小さな提案から始める

小さな提案から始めることで、聞き手の心理的ハードルを下げることができ、「無理なお願いをする人ではない」という理解を得ることができます。

実演販売の仕事でも、「噛みつきはしないのでもう少し前に」「私も今日嫌がらせをしに来ている訳ではないのでにっこり笑顔で聞いてください」といったように、話し始めには誰でもできるようなお願いを入れます。

実演を進めていく中で「手にとって試してみてください」「裏の成分を見てださい」と実際に商品を手にとっていただけるような五感に訴えかける提案を織り交ぜながら紹介していきます。

最後に本当の要求、すなわち「買ってください」というクロージングをかけるわけです。

商品紹介の中に**小さな要求を積み重ねることで最後の要求を通しやすくしています。**

9 選択肢を提示して断られないようにする

断られやすい提案の特徴

商談の途中まではいい雰囲気で進んでいたのに、提案の段階で断られてしまった経験のある方は多いのではないでしょうか。相手に選択肢を提示すると提案が通りやすくなります。

例えば「カレーを食べに行こう」と言われると、相手はその時にカレーを食べたいか・食べたくないかで提案を受け入れるかどうか判断します。しかし、「カレーを食べに行く？それともラーメンを食べに行く？」と聞かれたら、カレーかラーメンのどちらかを選んでしまいます。選択肢が１つしかない場合、ＹＥＳかＮＯの２択となり、選択する側にはＮＯという選択もあり得ます。しかし選択肢を２つ以上用意することで、いずれかの選択を取りやすくなるのです。

このように**相手の選択肢を意図的に絞ることで、ある程度判断をコントロールすることを心理学では「誤前提暗示（ダブルバインド）」といいます。**この心理効果を使うと、本来

カレーを
食べに行こう！
カレーにする？
それとも
ラーメンにする？
1つの提案では
Yes / No の2択
2つの選択肢を提示すると
不思議と
No の選択肢が
なくなる

数多くの選択肢がある判断に対して、あらかじめ限定して質問することで自分の意図に沿った選択をさせやすくします。

セット売りやまとめ売りでお客様の選択肢を変える

実演販売の際にもこのダブルバインドを活用しています。商品を単品で販売する場合でも、あえて同じものを2個で1セットとして用意したりします。洗剤などで本体と詰替をセットにした商品をよく目にしませんか。「初めて買うお客様が同じ商品を2つも買うの？」と疑問に思われる方も多いと思いますが、これは2個セットを販売することが目的ではなく、**お客様に複数の選択肢を持ってもらうことに意味があります。**

1つの商品のみ紹介した場合、お客様としては当然買う・買わないかの2択になります。しかし「本体とこちらのお得な2個セットのどちらにしますか？」と提案した場合、お客様の選択肢は本体か2個セットかになり、NOという選択肢が必然的になくなるので販売がしやすくなります。

このように提案の仕方を少し工夫するだけで購入率が変わります。

10 あえてすべてを伝えない

未完成なものほど興味を惹かれる

「あの、すみません、あっ、やっぱりいいです」

「ちょっと話があって……でもやっぱり次回にします」

こう言われると話の続きが気になって、最後まで聞きたくなりますね。未完成なものほど興味が湧いてしまう心理を「ツァイガルニック効果」といいます。テレビ番組でも一番いい場面でＣＭが入ったり、次回予告に入ったりすることがよくあります。これもツァイガルニック効果を利用した例です。視聴者は次の展開が気になるのでＣＭをそのまま見ますし、次週も同じ時間にテレビの前に座ることになります。

広告や販売の場面でも余白を残す

広告においても、「未完成の余白」を用意しておくことは相手の興味を引きつけ、購入へとつなげます。**広告のコピーを書く際は結果の提示を行い、理由を説明しすぎないことでお客様の心の中に「なぜ？」をつくることが大切です。**

また実演販売士は、実演販売の際に店舗の店内放送を使わせていただくのですが、その際もあえて商品の情報をすべて話さずに一番響くアピールポイントだけを話すようにしています。例えば「確かな洗浄効果があるが、肌に優しく手荒れも防ぐ洗剤」などのようにです。この店内放送を聞くと「洗浄効果が高いのに肌に優しいのはなぜ？」とお客様の中に「？」が浮かびます。

自然と実演会場に足を運びたくなるような仕掛けをすることによって、購入率の高いお客様を集めることができるのです。

商談は時間ぴったりで切り上げる

商談の際、用意してきたことを必ずすべて伝えなければいけないと思っていませんか。話が途中でも時間がきたらあえて切り上げることで、お客様の関心を強く引きつけることができます。例えば、1時間のアポイントであれば時間どおりに1時間で切り上げましょう。その理由は次のとおりです。

①話を途中で終わらせることで、続きが聞きたくなってしまう状態をつくる
②時間を守ることで「約束を守る人」と印象付けることができ、「この人が来たら長い」と思われないため信用を得られる
③情報を与えすぎることによって起こるお客様の内容の消化不良を防ぐ（人間の集中力の限界は90分といわれているため、すべて伝えようとすると集中力が切れて内容を消化できない）。
④会う回数を増やすことで親密度を高め、好意を持ってもらいやすくなる（単純接触効果〈ザイオンス効果〉の活用）

第5章

ツァイガルニック効果を活用して、お客様を「もっと知りたい」「また会いたい」という気持ちにさせましょう。**さらに、時間を守ることを徹底すると、信頼・信用も得ることができますので、「なんだか気になる人」という位置付けからファンへと格上げされていきます。**

「胡散臭い」イメージを変えた実演販売士の熱意と知識

川本有哉さん（かばん職人）

実演販売士という職業はテレビでも見かけたことがあり、知ってはいましたが、率直に申し上げると「胡散臭い」イメージを持っていました。

自信のある商品であれば、商品を一番理解している自社の社員が売るほうがコストもかからないからいいのではないか。誰かに売ってもらわないと売れない商品でいいのか。実演販売にはこんな印象を抱いていました。これは、テレビショッピングで買った商品があまり良くなかったという経験があったからかもしれませんが。

その固定観念が崩れたきっかけは、御子神さんとの出会いでした。知人の飲み会で同席し、歳も近く意気投合して今では「みこちゃん」と呼ぶ仲です。彼は人柄も良く、話題が豊富で何でもオープンに話してくれる、とても魅力的な方でした。

彼の職業を聞いて驚きました。あの胡散臭いと思っていた「実演販売士」だったのです。「こんなに人間味のあふれる実演販売士がいたなんて！」とイメージがガラりと変わりました。互いの事業についての話も盛り上がり、京都にある私の鞄屋さんに来てくれたり、夜通し電話したりする仲になりました。

ある日彼とZoomで話をしていたら、私がいつも使っている化粧品を彼が取り扱っていることが分かり、話が盛り上がりました。「気に入って使ってるんだ！」と言うと、彼も「僕もお気に入り。本当にいいから勧めがいがあるんだ！」と言って1時間、もう深夜3時になっていましたが、寝るのも忘れて熱く話してくれました。私はその間相づちしか打ってなかったにも関わらず、どんどん話に引きこまれていったのです。

商品に対しての膨大な知識量と高い理解力を持っていないと話せない持術であると実感しました。私は彼の話を聞いて、この化粧品への理解度が増して「また買いたい」と思われたのは言うまでもありません。彼が引っ張りだこの実演販売士ということを再認識させられました。

皆さまの会社に、自社商品を他人にここまで分かりやすく、魅力的に力説できる社員がいるでしょうか。売るための効果的な伝え方は様々ありますが、それ以前に彼の商品への愛が基礎にあってのことだと感じました。それを感じるからお客様は思わず買いたくなってしまうのですね。

売り込もうという気持ちを前面に出さず、まるで自分の好きな趣味を楽しそうに、分かりやすく、ルーツから話してくれるように説明してくれます。このような姿勢が、いつのまにかお客様を買う気にさせてしまうのだと思いました。

第6章

ファン化させる最後の一押しは信頼関係づくり

1　たった2割の好意的なお客様から共感を得ればよい

売れる実演販売士と売れない実演販売士の決定的な違い

私が実演販売士3年目の頃、非常に不思議なことがありました。同じ店舗で、ベテラン実演販売士と隣り合わせで、同じ商品を実演する機会がありました。

ベテラン実演販売士のもとには一度の実演で50人ほど集まり、30~40個ほど商品が売れていきます。私のもとにも同じくらいのお客様が集まりましたが、販売数はたったの5~10個。まったく同じ商品を扱い集客数も同じくらい、同じ店舗なのでお客様の層も同じです。それなのになぜ、このような違いが起こるのでしょうか。

購入に意欲的なのはたった2割《2-6-2の法則》

実演をしていて集まったお客様の様子を見てみると、10人集まったとして2人が購入に意欲的なお客様、6人が実演販売士の口上・実力次第で買うか買わないかのどちらにも転ぶ可能性のあるお客様、残りの2人がどれだけ腕があっても絶対に買わないお客様に分か

れます。実際の統計データではなく、あくまで私の肌感覚ですが、他の実演販売士も同様に感じています。

駆け出しの販売員が陥りやすいのが、集まったお客様全員に購入してもらおうとしてしまうことです。絶対に買わないお客様まで意識しすぎてしまって自分の口上が崩れたために、どちらにも転ぶ可能性のある6割のお客様を逃してしまいます。絶対に買わないお客様を説得しようと躍起になると、非言語で伝わる焦りのメッセージがどちらにも転ぶ可能性のある6割のお客様に伝播してしまい、トータルで8割のお客様が購入しないという結果になってしまうのです。

一方、ベテランの実演販売士は最初から全員に買ってもらおうとはしません。好意的な2割のお客様に集中することで、どちらにも転ぶ可能性のある6割のお客様も取り込み、8割のお客様が購入するという結果を導きました。

これは**「2‐6‐2の法則」**（次ページ図参照）と呼ばれており、イタリアの経済学者ヴィルフレド・パレートが発見した統計に関する法則「パレートの法則」から派生したものだともいわれています。パレートの法則とは、経済において全体の数値の8割を構成する要素は、全体の2割の要素が生み出しているという理論です。

2-6-2の法則

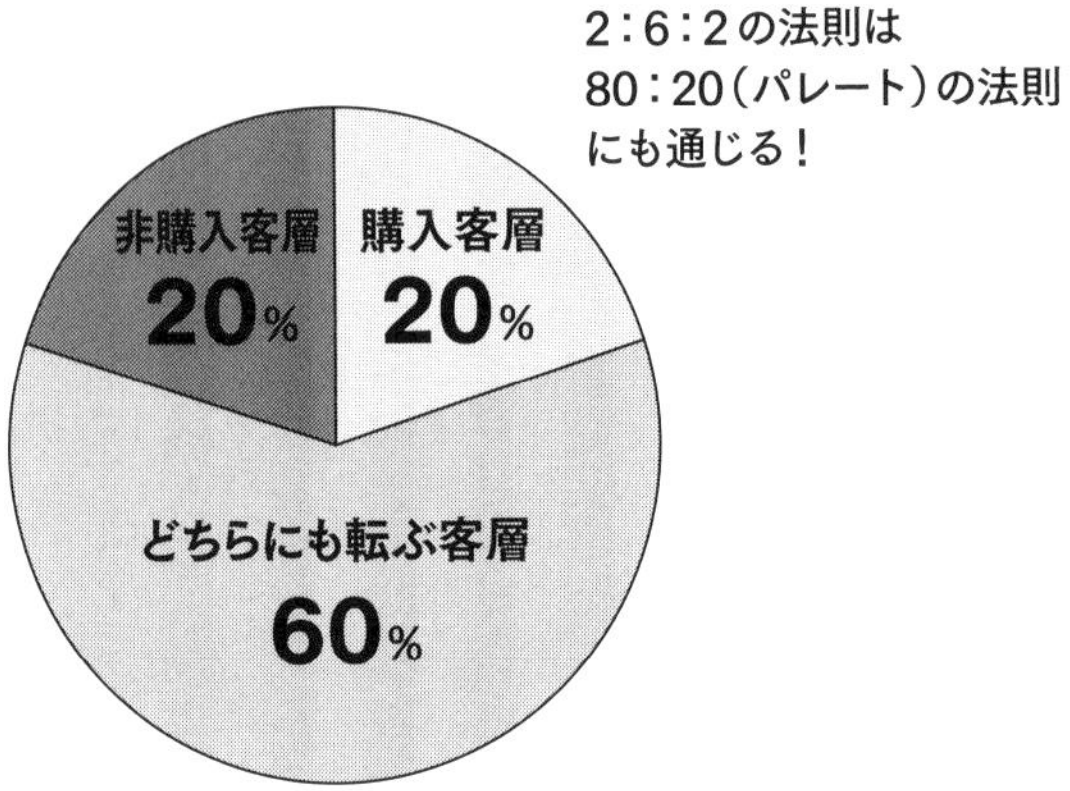

例えば、次のようなものが挙げられます。

●売上の8割は全顧客の2割が生み出している
●売上の8割は、全商品銘柄のうち2割が生み出している
●売上の8割は、全従業員のうち2割が生み出している
●仕事の成果の8割は、費やした時間のうち2割の時間が生み出している

2-6-2の法則はパレートの法則の「80」の部分を細分化したものと考えるとよいでしょう。**購入に意欲的な2割のお客様の共感を**

いかに得るかが、後の売上に大きく影響します。

共感するのも全体の2割

2－6－2の法則はファンにさせるという観点においても非常に大切です。

例えば、講演やセミナーの場合は、時間も人数も空間も限られているため参加者の興味の度合いが露骨に分かります。その際に好意的な2割の参加者を見つけ、自分のプレゼンに巻き込むことで、どちらにも転ぶ可能性のある6割の参加者へも良い影響を及ぼします。

SNSの発信では、万人受けするような発信内容にするのではなく、**一部の人に刺さる発信を心がけましょう**。共感する2割の人を対象にすることで、どちらにも転ぶ可能性のある6割の人を味方につけることを目的としています。

ファンをつくる際に重要なのは、あえて全員を説得しないようにすることです。

人と信頼関係をつくっていく際にも、共感する2割の人に対して行っていくとよいでしょう。

2 信頼を勝ち取るために踏むべき心理的な段階

人は無意識に自分に似た人を好きになる

人は無意識に安心・安全を求める結果、自分と似た人を好きになる傾向があります。これを「類似性の法則」といいます。**類似性の法則によって、私たちは相手に好かれようと、無意識に相手に合わせています。**小さな子どもに話しかける時「〇〇くんっていうんだぁ。〇〇くんは何が好きなの？」と普段の自分と異なるトーンやペースで相手に話しかけませんか。これも無意識に類似性の法則を働かせている例であり、小さな子どもに対して合わせることで警戒心を解き、相手が話しかけやすい環境をつくっているのです。

ファン化に至るまでには心理的な段階を踏む

ＮＬＰ（神経言語プログラミング）には、ラポール（架け橋）という言葉があります。ファンにさせるためにも、相手との「架け橋」をつくることが必須です。ラポールをつくるためには次の３つを行っていきます。

○○くんって
いうんだぁ。
何が好きなの？
ぼくは
砂遊びが好き！

①ミラーリング▼相手の身振りや動作に合わせる（姿勢、座り方、身振り手振り、態度、表情）

②ペーシング▼相手の話し方に合わせ（声の調子・高低・大小、話すリズム・スピード）、相手の状態に合わせる（明るさ、静けさ、熱意、感情、呼吸、話の内容）

③バックトラッキング▼相手の話した「事実」を反復する（おうむ返しのようなもの）、相手の話に感情を反復する、相手の話した内容を要約して適宜返す

子どもに合わせて話しかけるのも、ラポールをつくるためのテクニックの一つです。小

さな子どもに合わせた目線で、身振り・動作を用いて、ゆっくりとしたペースで話し、相手の言葉を繰り返すことで信頼の架け橋をつくります。

3 いきなり本題に入らずにまずは相手の話をじっくり聞く

ファンにさせるにも段階がある

患者の話を聞くセラピストのための技術であるNLPでは、まず、ミラーリングやペーシングといったテクニックを使いながら、患者の話に耳を傾け、患者の言葉の使い方やクセなどを見極めていきます。それによって患者との間にラポールを築きます。ラポールを築いた後、具体的な病名を患者に告げて一緒に改善・克服する方法について話し合いを始めます。

本来の目的はここにありますが、本題に入る前にまずラポールを築く段階が大切です。決して、初めから自分の目的を伝えません。**まず相手を理解し、その上で自分の目的を伝えるという順番が大切です。**

同様に、ファンにさせるにも次のような段階が大切です。

①相手との共通言語を確認する
②相手との共通の目標・ゴールを設定する
③相手とともに目標に向かって行動し、目標を達成する

共通言語（前提条件）の確認は非常に重要です。現代はスマホを通じて得る情報量が増え、世代間ギャップも大きくなっています。**自分と相手の感覚が同じだという前提に立つと思わぬトラブルが起こりかねません。**まずは傾聴に徹し、相手を理解しましょう。

相手との共通言語を揃えるにはペルソナの設定と傾聴

「傾聴が大切」とはいっても、実演販売で店頭に立つ場合は見ず知らずのお客様を相手にしますし、ＳＮＳでは全世界の人に向けて発信を行います。その中での傾聴とは何でしょうか。

傾聴するにはまず「ペルソナ」を設定します。ペルソナとは、より狭く・具体的に考えることでターゲットをより明確にするマーケティングの手法です。手始めに自分をペルソナとして設定し「名前・性別・学歴・結婚歴・趣味・可処分所得」など、細かく条件を考えましょう。さらには一日の過ごし方も想像し、何時にどこにいくか、どんな気持ちで行動しているのかなどをより細かくイメージすることで、響く言葉や興味のある内容が見えてきます。それができたら、自分以外の誰か（例えば芸能人など）をペルソナに設定して、その人物に成り切る具体的な条件を挙げていきます。

様々なパターンでペルソナを設定していくと、**自分と違う趣味趣向の人の思考習慣を考察することができるため、相手に寄り添う傾聴だけでなく、トークやSNSの発信もできるようになります**。営業の際にも事前にペルソナを設定しておくことで、イメージをシミュレーションできるため、実際の商談をスムーズに進めることができます。

ビジネスでもプライベートでも、傾聴によって「相手の問題を明確にする」ことが信頼関係を築きます。これが基礎となり、ファン化の第一歩となります。

相手に「話したい」と思わせる発言・発信の工夫

傾聴をするためには、相手から話を引き出さなければいけません。相手に「話したい」と思わせるには**「相手の言葉を先読みした発言」**をすることと、**「発信内容に余白を残しておく」**ことが大切です。

実演販売では、主な購読者層は主婦の方なので、ペルソナは「主婦」に設定します（男性のお客様がメインになる展示会などでは別のペルソナを設定します）。自分の扱っている商品の中で主婦の方にも響く「共通言語」は何かを深掘りしていき、トークを考えます。

「いつものお掃除の時間が楽しくなり、時間も短くなるお掃除グッズのご紹介です」など、ペルソナが「こうなったらいいな」と感じるようなワードでアプローチをします。

すると聞いているお客様からは「自分が悩んでいたことが解決できる」「自分の悩みを聞いてもらえた」と感じ、こちらの言葉に耳を傾けてもらいやすくなります。

またSNSでは、初めのうちは「設定したペルソナに刺さる内容」を意識して投稿しましょう。ペルソナに響く共通言語を使い、ペルソナの悩みを解決できるような発信内容にします。**あえて万人ウケを狙わないことで「自分の悩みを理解してくれる」という感覚が芽生え、傾聴してもらったような気持ちになるのです。**

4 共通の目標・ゴールを設定し、お客様を巻き込む

お互いがWIN-WINになれる目標・ゴールとは

共通の目標やゴールを持つと同じ目線に立てるため、ファン化が進みます。実演販売における共通のゴールとはもちろん「購入すること」です。しかし、ただ単に「買ってください」では一方的な要求にすぎませんので、お客様との共通のゴールにするようなトーク構成をします。

掃除用品であれば「商品を購入することでお客様の掃除の負担を軽くする」、化粧品であれば「商品を購入することでお客様自身がきれいになる」というのがゴールです。この**ゴールを自然な形で提示することで商品の購入につながり、一緒に目的を達成したという一体感が生まれます。**

営業や販売、イベントや講演会などにおいても、目の前のお客様との共通の目標を設定することで一体感を持って巻き込むことができます。

カリスマの持つ「巻き込み力」に学ぶ

ファンが多い人はカリスマ性がある場合が多いのです。カリスマは「人々の代弁をすること」「大義名分を持つこと」の2つの要素で成り立っています。

アメリカの大統領選挙をイメージしてみてください。大統領候補者の演説で主語は「I」ではなく「We」を使うことがほとんどです。「We」を使うことで「みんなの意見を代弁しているんだよ」という意味合いが出てきて、共感を生むことができるからです。

とくに日本においては、「私は、私は」と自分を前面に出す人は共感されにくい傾向があります。SNS発信やイベントの主催などを行う時に「私たちはこの目的のために集まった」「今日は私たちみんなで楽しみましょう」と**意識的に「We」を使うことで共感を得ることができます**。

また周囲から支援を得たい場合、「私はお金持ちになりたいからみんな力になってほしい」と言うのと「地球環境を守り子どもたちの明るい未来をつくりたいから力を貸してほしい」と言うのではどちらが共感を得られるでしょうか。もちろん後者ですよね。地球の未来や子どもたちのことを考えて行動している素晴らしい理念と眼に映るはずです。

自分だけのための自己中心的な目標・ゴールではなく、社会や人のためという大義名分

第6章

がある目標・ゴールは賛同を得られやすくなります。

そこまで大きなことでなくとも「コミュニケーションが苦手な人のために誰でも気軽に話しやすいイベントを開催したいから力を貸してほしい」と言われても力を貸したくなりますね。人が集まる・ファンが多い人は、他人や他人の悩みに目がいった目標設定をしています。

仕事やSNSでの発信においても、人々の代弁をし大義名分を持つことを意識しましょう。

目的に向かう過程を見せることでファンに変わる

「努力は人に見せないもの」と思っていませんか。目標に向かう途中には失敗や挫折、選択ミスも少なくないため、人には知られたくない、知られたら恥ずかしいと思う方は多いでしょう。しかし、**人は皆失敗しますから、自分の弱い面をさらけ出すことで、より深く共感してくれるファンが生まれます。**

勉強も運動も仕事もでき、容姿も端麗な人には確かに憧れますが、ファン化に重要な「共感」を生むことはむずかしくなります。弱みを見せるのは勇気がいることですが、思い切って目標に向かう過程をぜひ見せてください。ポジティブに目標に向かって進んでいく姿に人は共感し、あなたのファンが一人また一人と増えていきます。

ビジネスにおいては、自分の目標がもう少しで達成できそうな時に自分の想いや弱い部分を見せるのも効果的です。「できない」と思われないギリギリの弱みを見せてください。

5 目標に向けて共に進み、共に達成する

目標はオープンにする

目標は相手にも話すことで共通の目標としてください。そして一緒に行動していくことが大切です。自分から発信しなければその考えが伝播することはありませんし、何より自分への目標の明確化につながります。**目標を定めたら恐れずにオープンにしてください。**

例えば、ビジネスにおいて「営業によってその企業の売上を上げてお客様に還元したい」という場合、「今回のシステムをご購入いただくことによって、御社の経費を削減できるといったメリットがあります。弊社にとっても売上が上がるため、よりお客様にとっ

て使いやすいシステム開発を行っていくことができます。還元をしていくことで御社の経費を削減し、結果的に御社の財務体質を良くしていきたいと考えていますので一緒に取り組んでいきましょう」などと伝えるとよいでしょう。

初めは共感者が少ないかもしれませんが、それにめげず志した瞬間から発信をするようにしてください。

同志をつくる

目標に共感してくれた人は、やがて同志へと育っていきます。共通の目標に向かって行動を起こし、苦難も共に乗り越えていくことで強固な絆が生まれます。

目標を明確化しオープンにしたら、次は実際の行動につながるようにお願いをしてみましょう。目標設定に向けたことであれば些細なことでも構いません。**むしろ最初は些細な行動のほうが相手も受け入れやすいので、その後も継続して応援してもらいやすくなります。**

「早く着くなら一人で動け、遠くに行くならみんなで動け」というアフリカのことわざがありますが、目標が大きければ大きいほど周囲の応援・協力は不可欠になります。その協力を生み出すのは「あなたのために行動したはじめの小さな一歩」が重要になります。「ランチに一緒に行きたい」「SNSで投稿をシェアしてほしい」など本当に些細なことからで構いません。まずは相手が動きやすい行動を起こしてもらえるように働きかけ、あなたの同志をつくってください。

役割を与えることの重要性

人に協力を要請する際に重要なのは「役割をつくる」ことです。**じつは現代人は自分の役割を求めています。**その中で重要なのが、自分の目標の中で協力者の役割を埋め込むことです。

役割とは「自分の都合のいいように扱う」という意味ではありません。あくまで相手の目線から見た時に、相手の価値観や目標と自分の目標が重なる部分を見つけることが重要です。その重なる部分を役割に据えることで、相手に役割が生まれ、自分の目標に向けた行動を応援してもらいやすくなります。

例えば、自分の「コミュニティをつくりたい」という目標と相手の「信頼できる同志を増やしたい」という目標が重なっているので、相手にコミュニティ運営という役割を担ってもらう、などです。

目標を定めたらすぐに相手に共有し、役割を見つけて担ってもらい、同志になってもらうこと。目標を立てた初期段階からこれを続けることで、コアなファンをつくることができます。

6 実績や誠意を積み重ねて「信用」を得ていく

「信用のコップ」に水は溜まっているか

「信頼」とはその人を評価するにあたり、その人自身の人柄や考え方、立ち居振る舞いなどに重きを置いた評価ですが、「信用」とはこれまでの行為や業績、すなわち実績や成果に対する評価から生まれるものです。すなわち、「信頼」という評価を積み重ねた上に「信用」が生まれます。**コミュニケーションでは「信用のコップ」を意識しましょう。**信用残高といえます。

営業や販売などでクロージングをかけた瞬間にお客様の態度が変わってしまったという方も多いでしょう。その原因は「お客様の心が開ききってない状態でクロージングをかけてしまった」、つまり「信用のコップ」に水が溜まっていないのに飲もうとしたことにあります。

信用を勝ち取った時、「信用のコップ」から水が溢れます。例えば実演販売でいえば、トークの中に商品情報やメリット、笑いなどを紛れ込ませてお客様の「信用」というコップに水を入れていき、水がコップから溢れた時（相手の心を開かせて信用してもらった時）にクロージングをかけることを意識します。

十分に水が溜まっていない状態でいくら提案を行っても成約には至りません。売れない販売員は話し始めたお客様に「何としても買ってもらいたい」と焦ってしまう結果、タイミングを見誤り先走ってクロージングしてしまいます。当然、商品購入には至りません。

では「信用のコップ」が満たされたかどうかは、どのように判断すればいいでしょうか。それは「相手から好意的な質問があるかどうか」が重要なポイントとなります。金額の話を一切していないのに、お客様から「この商品はいくらなの？」「私が使っても大丈夫？」と聞かれれば、しめたものです。こうした好意的な質問は営業や販売の上で重要な要素と

第6章

なります。

信用を得る話し方

「信用のコップ」に水をためるための話し方は大きく分けて2つあります。

①相手の目線に立ってトークを展開すること
②自分の知っている情報や経験・人脈を出し惜しみせずオープンに話すこと

自分の話したいことだけを話すのではなく、**相手との関係の中で「相手が聞きたいこと」を先読みし、話していくことで信用を得ていくことができます。**相手の事情を無視して自分の話をしてしまう人は、どんなに優秀でもファンはつきませんし、相手を退屈させてしまいます。

相手が「それを聞きたかった」と思わず共感してしまうような話を盛り込むことで信用値が上がります。また自分の情報を出し惜しみせず、10知っていれば10相手にすべて伝えることも信用を得る上で重要です。「こんなことまで話してくれるんだ」と恩を感じますし、自分の知っている情報をフルオープンにすることで新たな相乗効果（シナジー）が生まれ、新しいアイデアが生まれる可能性もあります。

「個別で話したい」と思われる人になる

SNSでは、相手から「個別で話したい」「相談してみたい」と言われることが信用を獲得した一つの目安となります。これは、皆さまが悩みを抱えた時に誰に相談するかをイメージすると分かりやすいですね。**本当に困った時に相談をするのは家族や親友、恋人など信用をしっかりと積み重ねてきた関係の人ではないでしょうか。**SNSで「相談したい」と言われるにはそこに至るまでの発信で人柄を判断し、「この人なら信用できる」と判断したからに他なりません。コメントやDMなどで「話してみたいです」と言われることを一つの基準とし、自分のファンがつくれているかチェックしてみてください。質問したくなる発信を継続していくことで、あなたのファンは増えていきます。

SNSでの具体的な発信の仕方➡216ページ、第7章参照

7 共感と反感は紙一重と心得る

正論と共感は別物と考える

「正しい主張をしているのに理解されない」という経験が、皆さまの中にもあるのではないでしょうか。例えば、

- 営業・販売の際、好意的に提案したつもりが反感を買ってしまった
- ちょっとしたことでパートナーと言い争いになってしまった
- 仕事について部下に指示を出しただけのつもりが部下のモチベーションを下げる結果になってしまった

前提として正論と共感は別物だと考えましょう。正しいことが共感を生むとはかぎりません。確かに正論は大切ですが、**ファンにさせるために必要なのは共感です。**正論を述べても相手に理解されないことは多々ありますよね。当然のことながら人間は皆考え方が違

います。価値観やバックボーンが違うため、相手にとっても正論が存在します。その中で自分の正論にだけ固執し、相手を論破しようとしても相手や周囲の人は不快感を覚えます。

よく言われる言葉に「正義の反対は悪ではなくて他人の正義」というものがあります。「正論の反対も他人の正論」です。確かに学校のテストでは正解を出すことが求められてきましたが、様々な意見が存在する社会において間違いのない正解は存在しません。何をするにも他の人間は関わるので**正解、ではなく「落とし所」を見つけ出す必要があります。**

ファンにさせるという観点から見た時も必要なのは正論ではなく共感です。「この人の意見には共感できる」という感覚が何より大切になります。正論と共感は別物だと考えましょう。

言葉の選び方一つで反感は共感に変わる

日本語は助詞や助動詞が違うだけでニュアンスが変わってしまいます。例えば、空港やホテルのロビーで新人らしきスタッフから「急ぎますか」と言われたら、「急いでいるに決まっているだろう！」と感じてしまう方もいるでしょう。スタッフからすると「急いでいるなら何か手伝いましょうか」という配慮のニュアンスで話していたかもしれませんが、言葉からはそれが伝わらないので私たちは違和感を覚えてしまいます。

この場合、「お急ぎですね」と声をかけたほうが「あなたが急いでいるのは分かっていますよ」というニュアンスが伝わるため、共感を生みやすいのです。

自分のクセや表現方法のせいで、相手に意図しないニュアンスで伝わってしまうのは非常にもったいないことです。相づちを打つ時に「そうなんですね」は共感を生みやすいですが、「そうなんですか」は反感を生みやすいのです。「席を変わりましょうか」よりも「席を変わります」のほうがいいですし、「手伝いましょうか」より「手伝います」と言われたほうが好感が持てますね。「手伝いましょうか」という言葉には「してあげなくもないけど」というニュアンスが出てしまいます。

「神は細部に宿る」というように、ファンにさせる伝え方をマスターするためには誤ったニュアンスで伝わらないよう、細部までこだわって伝えるようにしましょう。

共感を生む話し方は自分の心から生まれる

ニュアンスは普段自分が考えていることが無意識に現れるといわれます。例えば、「でも」「だって」などを多く使う人は普段から否定的で責任を回避したいという気持ちが強い傾向があったり、「だから」「つまり」を多く使う人は理屈っぽい傾向があったり、「そうなんですか」という相づちを多く使う人は人の意見を許容できない傾向があることが多いのです。逆に、いつも前向きに考えている人は「そうなんですね」「いいですね」「やります！」「最高だね！」と日頃からポジティブな相づちや助詞を使っているはずです。

テクニックやコツでカバーできる部分ももちろんありますが、**本質的に共感を生みファンを増やす話し方は、自分の気持ちの持ち方からきています**。自分の心を磨き、意識せずとも共感を生む話し方ができることが理想です。日頃から自分の心を磨きましょう。

8 ベストバランスは「聞くが6割、話すが4割」

自分の話が多い人の問題点

話が上手い人、営業が得意な人というと「話すのが上手な人」というイメージを持つ人が多いのではないでしょうか。私たち実演販売士も話が上手い人というイメージをよく持たれます。しかし、じつは**ファンにさせる上で重要となるのは、むしろ聞く時の姿勢です。**なぜならば「話が上手い」という肯定的な言葉の裏には、「口がうまい」「人を騙す」といった否定的なイメージもあるからです。しかし、聞き上手と言われてマイナスなイメージを持つ人はいないでしょう。

自分の話が多いと「自分に都合のいい提案を無理やり通そうとしている」というイメージが付きまといます。例えば、実演販売士であればその場で商品を売りさばいて後のことは考えていない、生命保険の営業であればお客さんに契約してもらって自分の収入を増やそうとしているというイメージなどです。

実際はもちろんそんなことはなく、お客様の生活を豊かにするために必要な商品を販売しているのですが、悲しいことにそういったマイナスイメージが先行してしまう場合も多いのです。

ファンをつくり提案を通す上で重要となるのは、話すことよりも聞く時の姿勢です。まずはそのことを念頭に置いた上で自分の話し方を考えてみましょう。

聞き役が多いとファンが増える

自分の話をしていないのにファンが多いというイメージを持っていただくには、テレビ番組での司会者を考えてみると分かりやすいでしょう。明石家さんまさんやタモリさん、マツコデラックスさんといった名司会者・ＭＣは**自分の話をするよりも、出演者に適切に話題を振り、出演者の個性を引き出すことで番組自体を面白くしています**。自分が話す割合よりも、共演者の話を聞き出す割合を多くし、聞き役に徹することで番組が面白くなりファンも増えます。

「自分のことを知ってもらおう」とアピールしたくなるのも分かりますが、一度グッと我慢してみてください。コミュニケーションはキャッチボールです。相手が質問をしたくなるまではあくまで聞き役に徹します。話を引き出された相手は次第に「この人はどんな考えなんだろう」と思ってくれるため、質問をしてくるようになります。その時に初めて話し始めると、話していて楽しい人という感覚が相手に芽生えます。その積み重ねがファンをつくることにつながります。

聞き上手になるコツ

聞き上手になるコツは「聞く時の姿勢」と「おねだり」です。

相手に話してもらおうと質問をしたのに、話を投げっぱなしにしてしまったり、相手の話を遮って自分の話をしてしまったりする人がいます。

聞き上手になるには、**投げかけた質問に対する回答があったらしっかりと耳を傾け真摯に話を聞くこと**、そして**相手がすべて話し終えてから自分の話をするように意識すること**が相手との信頼構築につながります。

もし、話を聞いているふりをして別のことを考えていたら、相手にはすぐに気づかれてしまいます。目線や表情などの非言語メッセージで伝わってしまうのです。中途半端な聞き姿勢は信用を失ってしまう可能性すらありますので、聞く時は徹底的に聞きましょう。

聞き上手になるコツである「おねだり」とは、明石家さんまさんの司会ぶりをイメージしてみると分かりやすいです。出演者に話題を振ったあと「ほいで？　ほいで？」と話を深掘りしていきます。出演者も「自分の話に興味を持ってくれている」と感じ、楽しい気分で次々に自分の話をしていきます。

このように相手と話す際、興味を持って相手の話を深掘りすることで話がしやすくなります。自分の話を聞いてもらえると自然と信頼関係が構築できるため、「話をもっとちょうだい」と相手におねだりすることを意識してみてください。聞く姿勢があなたのファンをつくっていきます。

生命保険営業で活かす実演販売士の「ファン化の技術」

小島　健さん（仮名／外資系生命保険会社営業）

私は外資系の生命保険会社で完全歩合制の紹介営業をしていますが、普段から**営業活動をする中で「お客様をファン化する」ことの重要性を強く感じています。**

「人口減少」と「高齢化」という大きな壁に直面している日本において、「新規顧客の拡大」によって業績を伸ばしてきたこれまでのビジネスモデルは、今後、再現性がなくなるといわれています。総務省などの推計によれば、2020年時点で1億2575万4000人だった人口は、2060年には8674万人まで減少すると予測されており、それに伴い市場規模は現在の約3分の2までスケールダウンすることは想像に難くありません。

今後も高齢化が進むと「資産寿命」を延ばそうと資産を蓄える高齢者が多くなっていくため、消費行動が減少する可能性が高いと考えています。

そこで重要になるのが「ファン化する技術」です。いかに少ない接触回数、かつ短い時間で、出会ったお客様を「ファン」として育てることができるか。さらには、お客様1人当たりが一生涯でサービスに対して支払う対価をどれだけ大きくできるか。これが重要になってきます。「追加契約」「リピート」「常連客」が今後ますます売上の中心となることは間違いありません。

もちろんこれは本書にも書かれているように、決して**天性の才能などではなく、「伝え方」を習得することによって誰もが獲得できる可能性のある「新時代のビジネススキル」です。**

体系的に学習することができれば、再現性を持ったビジネス戦略として構築できます。本書は単なる表面的な「How to」だけではなく、行動心理学、社会学、脳科学などの観点から、実例を交えながら「Why」を理解することで、より論理的かつ実践的なスキルの習得を可能にしてくれるものになっています。

御子神さんが若くして実演販売業界やSNSでのマーケティングで成功しているエッセンスを皆さまにも盗んでほしいと思います。

第7章

オンラインでファン化させるコツ

1　オンライン商談も最初の45秒が勝負

オンライン商談の時代が到来

２０２０年からは、新型コロナウイルスの影響によって対面での接触が減った一方、オンラインでの商談が増えています。オンラインでは時間と場所を気にせずに商談をすることができ、利便性が高まった反面、**対面での商談が得意だった人にとっては苦手意識が出てしまい、なかなかうまくいかないという相談も多くなってきました。**

なぜオンラインの商談だと苦手意識を持ってしまうのでしょうか。オンラインはリアルの商談と異なり、非言語分野の情報が圧倒的に少なくなります。「空気感」ともいえますが、リアルでは感じ取れる表情の差異や声質の違いがオンラインでは読み取りづらくなり、リアルではできていた細かな気遣いもできなくなってしまうからです。

オンラインでの営業・販売をマスターすることは、これからの時代の必須スキルともいえます。

対面しないからこそ画像映えはより重要

まず大前提として、対面しないからこそ「画像映え」がより重要になるということを意識してください。メラビアンの法則を活用し、**第一印象を良くすることによって相手の好感と信用を獲得しましょう。**「画像越しだから手を抜いてもいいか」と考えるのではなく、画像越しだからこそきちんとした服装で対応し、日頃からスキンケアを徹底することで肌の調子を良くしておくことが大切です。

画面越しの明るさも調整するように心がけましょう。会社や自宅でオンライン商談をする場合は、光がきちんと顔に当たり明るい印象を出せているかを確認しておく必要があります。人は目に映る情報によって心理も変わります。明るい部屋の中ではポジティブな思考ができても、暗い部屋の中ではネガティブな思考になってしまうこともあります。明るさを調整するだけで相手に明るい印象を与えることができるので、商談もポジティブなものになります。部屋が暗い場合は、照明を買うなどしてベストな画面映えを意識してください。

最初の45秒では共感を意識する

オンラインではリアルの営業・販売の際よりも、共感を強く意識してください。ただでさえリアルの商談よりも取得情報が少なく、聞き手としては不安な状態の時に、自社製品の売り込みばかりでは不安をあおる一因になります。

特に最初の45秒では、相手の心境を先回りして相手の共感を促す話し方が求められます。

例えば、先のリモート実演販売では「足を止めていただいてありがとうございます。忙しい中すみません。感染拡大怖いですよね……私たちも本当は皆さまの前でリアルに話したいのですが、今日は画面越しでお話ししています」というように、今の時期に相手も考えているワードを先読みし、共感を生むような内容を心がけています。

実演販売の場合は私たちのことを何も知らない、通り過ぎていくお客様に話しかけるため、誰にでも響く最大公約数の言葉で最初の45秒をつくる必要があります。リモート販売のように不特定多数の方を対象とする場合に意識してみてください。

一方、話す相手が決まっている1対1のオンライン商談の場合、先方の情報をとにかく集めて最初の45秒で共感を生むワードを盛り込むようにしてください。例えば、主婦の方でお子さんがいる場合は「お子さんの学校は学級閉鎖とかなっていませんか？　こんなご時世だから不安ですよね」と相手の不安な気持ちを先読みし、共感の言葉をかけるようにします。

話す相手が決まっている場合は先回りを行い対策し、その個人に対し有効な言葉がけを考えることで**「この人は分かってくれる」という認識が生まれ、信用を築いていくことができます**。オンライン商談でも最初の45秒にこだわることで、ファンをつくり提案が通りやすくなります。

2 動画系の情報発信はコンセプトで9割決まる

コンパクトな発信が求められる時代

映像メディアのトレンドは、テレビからYouTube等の動画コンテンツへ、さらに最近ではTikTokやInstagramのリールという機能などに代表されるショートムービーコンテンツへと移り変わっています。YouTubeにも1分以内のショートムービーを投稿する機能が登場し、ますますコンパクトな発信が求められています。

私は「TikTokにアップした「髪の毛を触るクセで分かる3つの心理状況」の動画で617万回再生、27・8万いいね、7637コメント、1万1305回引用の「バズ（盛り上がる）動画」」を生み出し、ByteDance社（TikTokの運営会社）のYouTube広告にも使われました。

実演販売士がメインの仕事で、それまでSNS発信を行ってこなかった私が、このような結果を出すことができたのも「45秒でファンにさせる」という観点で研究してきたからに他なりません。

情報発信が重要だからと発信を始めたものの、思うように伸ばせず挫折してしまった人、見た目が良くてカリスマ性がなければうまくいかないと考えてチャレンジしない人もいるでしょう。

しかし、安心してください。**動画コンテンツで重要なのは、論理的な構成であり、ファンにさせる伝え方なのです。**少し表現方法を変えるだけで動画系の情報発信は劇的に反応が良くなります。

コンセプトはニーズの中から見つける

動画発信を始める際にまず考えなくてはならないのが、自分のニーズがあるかどうかです。料理チャンネルが流行っているから自分も料理チャンネルをつくろうなどと安易に考え投稿しても、うまくはいかないでしょう。

まずは自分の強みを客観的に分析し、強みを明確化します。そして視聴者層の想定を深掘りし、ニーズがある分野での発信を行います。自分の強みと視聴者のニーズの交わる部分で発信しましょう。

例えば、私の場合は実演販売士という明らかに身近にいない職業であり、他の人にないスキルが強みなのですが、じつはYouTubeやTikTokで実演販売の動画は出していません。**実演販売はあくまで依頼する企業や売上を上げたい小売店のニーズを満たすためのスキルであり、動画を見る一般の視聴者にとって有効なスキルではないからです。**

そのまま実演の動画を出したとしても独りよがりなものになります。実演販売というスキルを深掘りし、視聴者に興味があるのはどこかを考えたのです。

実演販売会社として初めてYouTubeでの投稿を開始したのが私の会社ですが、そこで始めた発信は「実演販売のスキルを解説する」というものです。視聴者のニーズを考えると「営業や販売で売上が上がらない」「家族や友人とのコミュニケーションで困っている」というニーズがあるだろうという結論に行き着きました。視聴者の悩みを解決する話し方やテクニックを紹介することで、ニーズに合致すると考えました。

TikTokでは視聴者の年齢層が下がることを考慮し、身近に起こることを心理学の観点から考察し、簡単な内容で動画を発信しました。**ここでもファンにさせる重要要素である他者理解が役立ちます。**動画の発信では視聴者のニーズをくみ取り、そこに合致する内容で発信を行うことが大切です。

問題提起はコンセプト、タイトルで表現する

自分の強みを客観的に分析し、ニーズを押さえた上で、問題提起することは重要です。この問題提起がないと視聴者の視点で自分事とならず、ファンがつきません。私が運営するチャンネルでも「コミュニケーションでこういう時に困りませんか」と必ず問題提起を行います。

これによって視聴者は自分事として捉え「どんなことを話すんだろう」と興味を持ちます。興味を持たせることで動画がスキップされにくくなったり、最後まで見てもらいやす

くなったり、コメントがもらいやすくなったりします。そうすると、バズ動画としてプラットフォーム側からも認識されてお勧め動画に表示されるため、さらに多くの人から見てもらいやすくなります。

動画の構成は「問題提起⬇問題解決」とすると、視聴者は「自分が悩んでいた問題を解決してくれた」と感じてくれます。ここが重要なポイントです。**人間、救われた時に感謝の気持ちを感じますし、その人についていきたいと思います。だから、自分の悩みを解決してくれる人のファンになりやすいわけです。**

過去を思い返すと、助けてもらった恩は覚えていませんか。例えば、小さい頃、川や海で遊んでいて溺れかけたところを助けられたとか、勉強についていけなかったけれど優秀な友だちに勉強を教えてもらって赤点を取らなかったとか、就職活動で悩んだ時に先輩に相談して活路が開けたとか。

悩んでいたことを解決してくれたという恩は人の記憶に残りやすく、感謝の気持ちを長年持つことになります。「コミュニケーションで悩んでいた私が救われたのはこの人のおかげだ」となれば恩を感じ、きっとファンになるはずです。

3 最後まで見てもらえる動画は初めの一言で決まる

動画が評価されるポイントは

自分の動画の良し悪しはどこで決まるのでしょうか。これは各プラットフォームの収益構造を考えると見えてきます。

YouTubeやTikTokは、基本的に視聴者が無料で利用できるプラットフォームです。収益の構造はテレビと同じで、企業が広告を出す際の広告により収益を上げています。そのため、広告を見てもらえなければ意味がありません。すなわち、**視聴者に長くそのプラットフォームに留まってもらう必要があります。**

視聴者が動画を見る時間が長ければ長いほど、広告を見てもらう時間も増え、企業側に広告効果が高いと判断してもらえるからです。再生維持率といいますが、その動画をスキップせずに長く視聴してもらうことが重要になってきます。「再生維持率が高く長くその動画を見続け、コメントや引用が多く盛り上がっているバズ動画」がいい動画となります。

この前提を踏まえずに自分の発信したいように発信してしまうと、単なる自己満足の動画となってしまいます。そこを避けるために最後まで見続けてもらえるように構成を工夫したり、視聴者がコメントしやすい内容にしたりすることが重要です。

興味付けの後に根拠と具体例を提示する

大切になるのが、初めの一言で興味付けをするという構成の工夫です。視聴者にとって自分事と捉えるフックがなければ、動画は見てもらえません。

まずは、**身近な話題や多くの人が悩むようなポイントを最初に提示します。**

次に、長く動画に滞在してもらえるよう「この問題の解決策を3つのポイントに絞ってご紹介します」「一番重要なことは最後に伝えているので最後まで見てください」と最後まで見ることの理由付けを行います。

これはここまでの章でも紹介してきた「3点強調法」（115ページ参照）や「一貫性の原理」（119・157ページ参照）、「カチッサー効果」（160ページ参照）などを応用して、最後まで見続けられる動画構成を考えます。

その次に、根拠や具体例を提示します。問題提起と結論だけでは納得感が生まれずにその後に投稿した動画が再生されません。またファンにさせるという観点でもこの人のおかげで悩みが解決できたという印象が薄くなり、ファン化につながりません。なるべく身近な具体例やメカニズムを提示することで、納得感を醸成しましょう。さらに自分の経験からの、自分だけのノウハウやスキルがあればよりベストです。

コメント返しでファンを増やす

動画系の発信媒体では動画の質に目がいきがちですが、意外と重要なのがコメント欄への回答です。**視聴者がコメントを見ている最中でも、その動画は再生され続けているため、コメントを読む時間も再生維持率に直結してくるからです。**たった一言しか書いていない視聴者からのコメントにも丁寧に対応するように心がけましょう。

これによって視聴者はこの動画にコメントしたら発信者から返信がもらえると感じ、コメントがしやすくなります。またコメント返しを行うことで発信者と視聴者という一方的なコミュニケーションから、双方的なコミュニケーションに変化します。見ていて楽しいという受動的な状態から、動画に参加するという能動的な状態になるため、ファンとして定着しやすくなります。

「動画を見たら分かることだろう」と単に考えるのではなく、地道に丁寧に対応していく姿勢を見せることであなたの個性を見てもらうことができ、あなたのファンが増えます。

4　3秒5文字！　目を引くキャッチコピーを考える

文字表現の重要性

文字での表現は動画発信よりも、より気をつけなければなりません。文字による発信の場合は、聴覚情報や身体感覚情報などが一切伝わらず、情報のみで伝えていかなければならず、感情の読み取りが難しいからです。**同じ言葉でも受け取る人の価値観やバックボーンによって、解釈の仕方が異なるので注意が必要です。**ＳＮＳで発信した内容が自分の意図と違った捉えられ方をされて友だちから小言を言われたり、取引先に丁寧なメールを出したつもりなのに、勘違いが起きてトラブルにつながったりといった経験が皆さまにもあるのではないでしょうか。

文字型コンテンツにおいて発信する際に、実演販売で培ったＰＯＰ制作のスキルを活か

第7章

すことができました。文字発信型プラットフォームは多くの利用者を抱えており、適切に使うことで自分の考えをしっかりと伝えることができるため、ファンをつくる大きな助けとなります。

発信においてタイトルが最重要

本書の「45秒でファンにさせる話し方」というタイトルに惹かれて手に取った方も多いのではないでしょうか。自分の発信が見られるかどうかの入り口となるのがタイトルです。**どれだけ素晴らしい発信をしていたとしても、見てもらえなければ意味がありません。**

タイトルは自分が一番伝えたいことを冒頭に持ってきて、想定読者のニーズに合わせて興味を引きそうなワードに書き換えましょう。特にYouTubeの場合はタイトルに記載されている文字で検索され、検索流入数が決まります。動画の内容に沿った適切なタイトルをつけることは、新しい視聴者を呼び込むことにつながります。

またInstagramは写真型のコンテンツだけだと考える人が多いですが、じつはブログのようにも使えます。私もこの使い方でInstagramを活用しています。具体的にはブログのタイトルのような写真データを作成し、投稿本文部分でそのタイトルを元に詳しく解

Instagramの投稿例

説を加えていくスタイルです。

私のInstagramアカウントを参考にしてみてください（@shogo_mikogami_）。

発信におけるタイトルは読者・視聴者が本文を読むか読まないかを決める重要な要素です。文字型・動画型どちらの発信でも、タイトルにこだわって多くの人に見てもらい、ファン化の確率を挙げていきましょう。

人が一瞬で認識できるのは「3秒に5文字」まで

「人が3秒間に認識できる文字数は5文字まで」という実演販売業界に伝わる言葉があります。私もこの「3秒に5文字」を基本に販促用のアイキャッチを作成します。その際、消費者が一番知りたい情報を目立つように5文字以内で記載することが大切です。

洗剤であれば「安心・安全」「手荒れなし」「強力洗浄」などです。この5文字以内のアイキャッチでどんな情報を伝えるかで1日の売上が大きく変わります。

冒頭にインパクトがなければ、その後の本文を読んでもらえるわけがありません。情報を集め、書きたい情報を整理し本文を作成したら、本当に伝えたいエッセンスを5文字から10文字でまとめ、タイトルに据えましょう。**あなたのファンをつくるのは冒頭の5文字から10文字です。**そこにこだわって文字型コンテンツによる発信を行っていきましょう。

5 同じ情報でも表現の仕方で伝わりやすさが変わる

文字のやり取りは感情の読み取りが難しい

文字でのやり取りは感情の読み取りが難しく、誤解を招く場面も多いのです。何気なく送った文面に対して「怒ってるの？」と聞かれてしまうこともあるでしょう。文字のやり取りで重要なのは「表現方法」です。

言い回しや助詞・助動詞の一字の違いが大きな誤解を生む可能性があります。また、あまり長い情報量だと最後まで読まれにくくなり、自分の本心が伝わりにくくなります。目を引くタイトルで惹きつけた後に読ませる本文には、適切な情報量があります。

自分ならではの表現をする

情報を集めてまとめたらリフレーミング（言い換え）をしていくことが大切です。誰でも発信できる「ただの情報」を「自分ならではの情報」に昇華させるためには、あなたならではの体験を盛り込む必要があります。

これは差別化・ブランディングにもつながります。例えば、ボディメークに関する情報を発信するアカウントを運用する場合、男性向けなのか女性向けなのか、もともと太っている人が痩せられるようにするためのものなのか、痩せている人が筋肉をつけるためのものなのかによって、同じ情報でも切り口が変わるはずです。

そこに自分の経験を盛り込み、自分ならではの発信をすることで「この人はためになる情報をくれる」と信用関係が芽生え、あなたのアカウントに人が集まってきます。情報を加工せず発信するのではなく、情報を減らし自分ならではの表現に言い換えることで考えが伝わりやすくなります。

プロフィール・投稿に統一感を持たせる

自分自身の情報についても表現に注意しましょう。SNSの中で自分自身をまず表現する部分はプロフィールです。プロフィールに関しては次の3つの要素が入るようにしましょう。

①何について情報を提供しているのか
②メディア出演や受賞歴などの客観的な実績
③フォローするメリット

私の場合であれば、「実演販売士の仕事を行い、複数メーカーで日本記録を樹立した結果、テレビをはじめとした複数のメディアで取り上げられ、皆さまに45秒でファンにさせる話し方をお伝えしています」となります。

フォローするかどうかの判断基準は、プロフィール次第と言っても過言ではありません。

適宜プロフィールを修正し、フォローされるアカウントを目指しましょう。

また、プロフィールに合わせた投稿を行っていくことも大切です。自分が主催したイベントが盛り上がりました、というような投稿は自己満足以外何でもなく、ビジネスとして発信をする際には避けたほうがいい内容です。同じ理由でランチの写真や友だちと飲んだ写真なども挙げないほうが良いでしょう（プライベートでSNSを使っている場合は例外です）。

この理由は単純明快で、フォロワーはあなたのプライベートをのぞきたいわけではなく、あなたの発信する情報がほしいからです。**プライベートな情報を発信していくと、投稿の統一感が一気に崩れます。**初見で見た時に統一感がないと「何について発信しているのか分からない」という印象になり、フォローにつながりません。プロフィールだけでなく投稿自体にも統一感を出し、専門性を醸成しましょう。

6 クラウドファンディングでファンも得よう

資金調達だけではなくファン化・広告効果としても重要

「クラウドファンディング」を知っていますか。最近はクラウドファンディング大手のCAMPFIREが、草彅剛《くさなぎつよし》さんをCMに起用し宣伝しているので、聞いたことがあるという方も多いのではないでしょうか。

クラウドファンディングとは、**自分のビジネスアイデアや想いをWeb上で掲載し、賛同した方に支援していただく資金調達の方法です。**これまでは、銀行融資やエンジェル投資（創業間もない企業への投資）などが主流でしたが、自分のアイデア・やる気次第で資金調達も可能になりました。

実は本書も出版前にクラウドファンディングを行っています。「コミュニケーションに悩む人に本書を届けたい」という想いを元にプロジェクトを立ち上げ、目標150万円に対して支援金額は158万9000円、支援者数は238人となり、プロジェクトを成功させることができました。

会社経営者からすれば150万円の販促費を捻出することはそう

クラウドファンディングの例

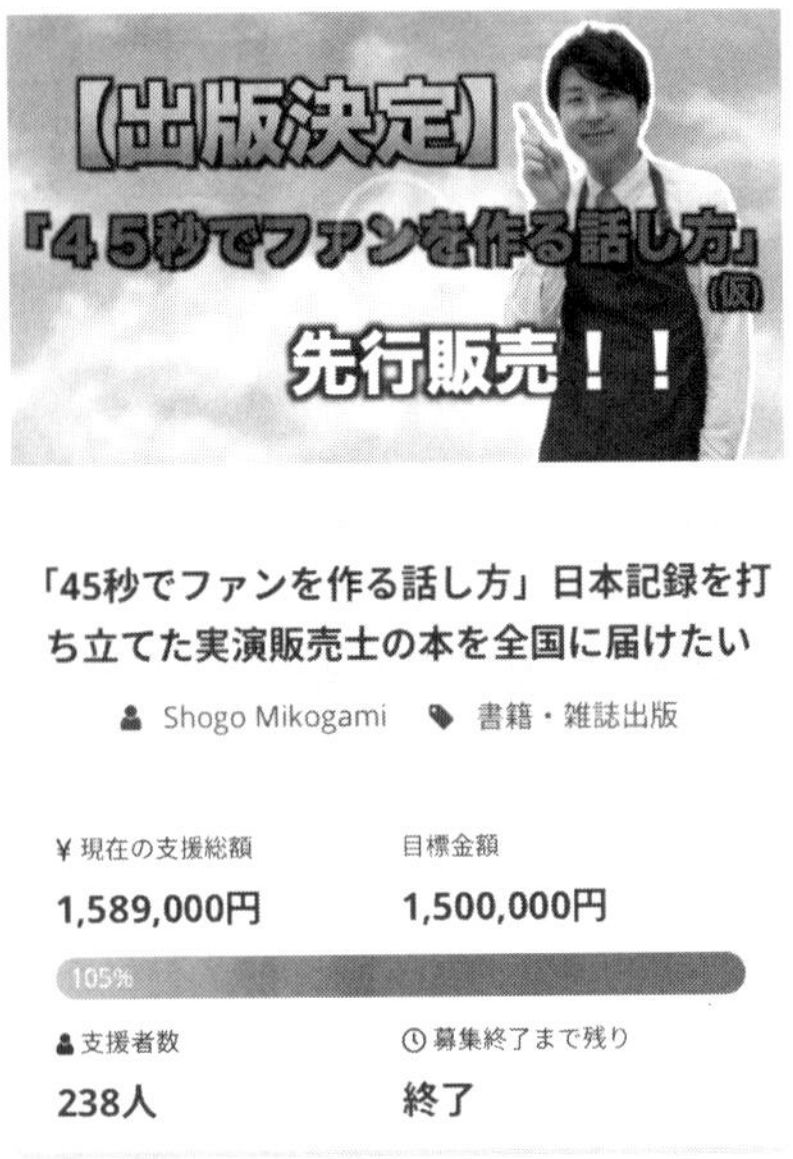

難しくはありません。しかし、あえて私がクラウドファンディングを活用したのは**「支援者が自身のSNSで支援を表明し、拡散してくれる」という広告効果とファン化の効果があるからです。**

私のプロジェクトでも支援者が自身の「Twitter や Facebook、Instagram でプロジェクトページを紹介してくれたことで、見ず知らずの方からも多くの支援をいただきました。また、支援者がその後SNSやLINEで「応援してるから頑張ってね！」と激励の言葉をかけてくれました。

一貫性の原理も関わっているかもしれませんが、支援をしてプロジェクトに参加すると、人柄や活動に魅力を感じてファンになっていきます。

プロジェクトを成功させる数値目標

プロジェクトを成功させるには、「①初日で目標金額の20％を達成していること」「②残り7日間を残して目標金額の60％を達成していること」という2つのポイントがあります。人には「勝ち馬に乗りたい」という心理があるため、どうせなら成功するプロジェクトに支援したいという気持ちが働きます。行列のできるラーメン屋さんが繁盛するように、立ち上げ初日から支援が入っているプロジェクトは盛り上がりを感じるため、支援されやすくなります。ただし支援者1人で目標金額を20％達成していても関心を持たれません。20％を達成しつつ、支援者数も多くいるように見えることが大切です。

また7日間を残して60％を達成していると、すでに支援した人たちが「100％達成させてあげたい」と感じて追加支援をしてくれる可能性が高くなります。私のプロジェクトでも同様のことが多くありました。これからプロジェクトを立ち上げる方は、この2つの数値目標を意識して戦略を立てましょう。

クラウドファンディングを成功させる伝え方

私のプロジェクトでは、募集期間35日で150万円超の資金調達ができました。しかし、ほぼ同時期に実施していたあるプロジェクトでは目標金額120万円に対して支援金額1万円、支援者数2人で終了していました。

この違いはどこにあるのでしょうか。**成否を分ける要素には「事前準備」「ストーリー性」「短い時間で想いを伝える動画」の3つが挙げられます。**

クラウドファンディングを始める時にやりがちなのが、プロジェクトを公開してからS

NSで告知をすることです。しかしこれでは初日の20％を達成することはできません。公開前に支援してくれそうな人に告知をしておき、公開と同時に支援が入るようにしておく「事前準備」が大切です。

またプロジェクトの紹介文では「ストーリー性」を意識して文章を構築することが重要です。なぜならば**クラウドファンディングはあくまで支援・応援がキーワードであり「応援したい」と思わなければ支援につながらないからです**。メリットを列挙するだけでなく、なぜこのプロジェクトを立ち上げたのか、どんな原体験から目標を達成したいのかを余すことなく書くことが重要です。

目標金額達成に導くためには「動画」が必要不可欠です。素性の分からない人、不真面目な人にお金を渡したくはありませんね。そこで動画を活用すると、自分の熱意を伝えると同時に、支援者に信用してもらうことができます。動画は長すぎても見てもらえないため、本書に書いてあるテクニックを活用し45秒で想いを伝える動画を作成しましょう。

7 SNS運用における新常識を知ろう

フォロワーを増やすだけではうまくいかない

SNSで発信しているとどうしても気になるのが、フォロワー数やチャンネル登録数です。SNSについてアドバイスを求められることがありますが、皆さま口を揃えて「フォロワーを増やすにはどうしたらいいですか」と聞きます。

しかし、フォロワー数が多ければ収益につながるというわけではありません。ただフォロワー数を伸ばすのではなく、**あなたの考えを肯定しているフォロワーをファンにする必要があります**。フォローしただけではあなたのファンになったとはいえないのです。フォローしてもらってから一歩踏み込んで、自分の考えを「教育」していくことで、よりコアなファンに育てることができます。

SNSは戦略も重要となります。自分の最終的な目的・目標に合致するようにプロフィールを選定し、内容を統一した投稿を積み重ねていくことが大切です。

SNSはプル型とプッシュ型で使い分ける

様々なSNSがありますが、その性質によって「プル型（受け身）」と「プッシュ型（攻め）」に分けることができます。「相手に情報を届ける際にどちらが能動的にアクションを起こすのか」で区別しています。

例えば、昔はブログで記事を書き、メルマガに登録してもらって商品を販売するという形態が流行りました。このケースでいくとブログは記事を公開しても情報を見るかどうかは相手の行動次第のため、受け身のプル型です。逆にメルマガは、相手が情報を見にこなくてもこちらが送信すれば確実に相手に届くので、攻めのプッシュ型です。

これを最近の例で考えると、YouTube、TikTok、Instagram、Twitter、Facebookなど基本的なSNSはプル型であることが分かります。情報を発信したとしても、見るかどうかは相手が決めます。

しかし、プル型SNSは悪いことばかりではありません。**プル型SNSでフォロワーを増やし集客した後に、プッシュ型SNSでリスト化・教育・ファン化を行うように使い分けることで、効果が最大化します。**

プッシュ型SNSとして代表的なのがLINE公式アカウント（以下、「LINE公式」）です。

LINE 公式アカウントのリッチメニュー

カードタイプメッセージ

メルマガのように自分の好きなタイミングで配信することができ、国内でユーザー数が一番多いＳＮＳであるLINEユーザーに情報を発信できます。現在はリッチメニュー（画面下に常時表示させるコマンドウインドウ）、カードタイプメッセージ（商品紹介や人物紹介に使える画像＋説明タイプのメッセージ）、Ｌステップ（ステップメールのような登録者の属性に合わせた内容のメッセージを自動で送る機能）などの機能も充実しており、メルマガより使いやすくなりました。

LINE公式では深いファン化を目的とする

基本的には、Twitterなどのプル型ＳＮＳである程度あなたのことを知っている人が、LINE公式に登録しています。**LINE公式ではより深い情報を発信し、深いファン化につなげていくことが重要となります。**

LINEでのやり取りは相手の心理的ハードルが下がる傾向にあります。なぜならば、他のＳＮＳと異なりLINEはもともと個別に連絡を取るための機能として使われ始めたからです。使い方がこれまでと大きく変わらないため、会ったことがない人でも、１対１でメッセージをやり取りすることへのハードルが低くなります。メッセージを一斉配信してファン化のきっかけをつくり、1対1のやり取りでファン化を進めていきます。

1対1のやり取りを通してファン化してきたら、次はオンラインで話すことをしてみてください。Zoomなどを使い、面と向かって話をしてみるのです。個別に話すとフォロワーは自分の悩みを打ち明けてくれます。**悩みを救われたという経験は、ファン化の大きな要因となります。**文章だけのやり取りではなく、面と向かって話せるような関係づくりを心がけましょう。

＊巻末に私のLINE公式アカウントのQRコードを記載しています。ぜひお友だち追加してみてください。

8 「継続」がファンを増やす

ほとんどの人は続かない

「意気揚々と初めて見たものの続かなかった」というのは、SNSだけでなく身近なことにおいても経験があるのではないでしょうか。例えば、

●発信を強化しようとInstagramを始めたが、なかなかフォロワーが増えずに挫折した
●ダイエットをしようと思ったが、いつものくせでお菓子を食べてしまった
●読書の習慣をつけようと本を買い込んだが、忙しさを言い訳して積読にしてしまった

このように、**継続できないことが物事を達成することの障壁となることが多いのです。**

私の感覚ですが、仮に1万人が同じ情報を取得したとして、行動する人は100人、3カ月間継続する人は10人、半年間継続する人は1人くらいではないでしょうか。

継続できない人の特徴としては完璧主義であったり、失敗する原因を考えられなかったりすることが挙げられます。

SNSでは継続すること自体がブランドになる

SNSにおいて継続が重要なのは、純粋に数字に直結するからです。TwitterやInstagramなど、毎日投稿しているとインプレッション（投稿がユーザーに表示された回数）やリー

チ（投稿が到達したユーザーの数）が上がります。それにより自分の認知度が上がり、自分のフォロワーになってくれそうな人に投稿が届きやすくなるのです。

ブログでは、毎日更新することで定期的に見にくるファンが増え、コメントなども入りやすくなります。多くの記事をアップすることによって、ＳＥＯ（検索順位）が上がるため、検索結果の上位により表示されやすくなります。

YouTubeも毎日更新することで、関連動画に上がりやすくなったり、ブラウジング機能（お勧め表示機能）によってインプレッションが上がりやすくなったりなど優遇されやすくなります。

ＳＮＳを継続することはフォロワーを増やすだけでなく、継続すること自体があなたのブランドになり、ファンを増やす効果があります。 例えば、一貫性を持って物事を継続する人は、自分の言葉を曲げずに信用できると感じませんか。逆に、いろいろなことに手を出している人は、飽きっぽいとか堪え性がないと感じられ、あまりポジティブな印象を持たれません。

ＳＮＳにおいても、継続し続けることがあなたの認知度を高め、ファンをつくります。一度発信を見ただけではファンにはなりませんが、繰り返し伝え続けることで徐々に発信が浸透していき、ファンが増えていくのです。

3つのポイントにしたがって継続していこう

継続を実現するには、ポイントが3つあります。

①目的を明確化する
②継続しやすい環境をつくる
③ハードルを下げる

「目的を明確化する」理由は、今日の自分の投稿が将来こうなるはずだと最終的な目標から逆算し、日々のモチベーションを保つためです。毎日の継続は本当に小さいことなので、1つの投稿のみで結果が出せることなどなく、効果が実感しにくいものです。結果が見えにくいとモチベーションが下がり、継続できなくなってしまいます。

「継続しやすい環境をつくる」ポイントは、トリガー（行動を始める決まり事）設定です。
お昼休みに必ずInstagramを投稿する。ブログを書き終えるまで夕飯は食べないなどです。

ある行動をトリガーにすることで結び付きが働き、行動しやすい環境になります。行動は環境によって決まります。行動にトリガーを設定することで、気分や感情に左右されずに継続を習慣化できる環境を整えることができます。

「ハードルを下げる」ポイントは初めから高いクオリティーを求めすぎないことです。例えば、「Twitterで初めからバズ投稿をしようと思っても、まずうまくいかないでしょう。しかし多くの人は「バズるような投稿をしなければ……」と勝手に自分でハードルを上げてしまいます。YouTubeにおいても、編集や画質にやたらとこだわった結果、継続できなくなるという人が多いのです。

初めは大して人には見られません。**初めから高クオリティーなものを作ろうと意気込むのではなく、ハードルを下げ気軽に始めて徐々に修正していくという姿勢で臨むことが大切です。**

皆さまも本書から得た情報をもとにぜひ行動に移してください。そして継続してください。行動するだけではなく、継続することで徐々にファンが増えていきます。

SNSをファン化に使う方法

久住まりさん（コンビニのフランチャイズオーナー、絵画教室主宰）

御子神さんのプレゼンセミナーが、出会いのきっかけです。セミナーに参加するまでは、プレゼンとは、ただ自分の伝えたいことを伝えるだけだと思っていました。しかし、セミナーで「プレゼンとは『相手を想う言葉のプレゼント』」という言葉を聞き、衝撃を受けました。「あぁ、私はたくさんの人にプレゼントを届けたいのだな」と思いました。

以後、プレゼントを贈る気持ちでプレゼンをすると、とてもスムーズに進められるようになりました。資料の題名も「私のプレゼン」ではなく、「私のプレゼント」へと変わっていきました。

今の時代、伝えたいことがあるならば、必須のスキルであるSNS。私は、大きな気付きを与えてくれた御子神さんのもとへ迷わず相談へ行き、SNSのコンサルをお願いしました。

御子神さんは、まずは自分のファンをつくりましょうと提案してくださいました。自分にファンなんてつくれるのかしらと、半信半疑でしたが、言われるがまま素直に投稿を続けてみたところ、すぐに反応がありました。

自分のことは自分では分からないことが多いものですが、御子神さんと一緒にアウトプットを繰り返していくうちに、自分の伝えたいことがより明確になり、投稿しやすくなってきました。

SNS活用というと、難しい・面倒くさいというイメージでしたが、自分の魅せ方や表現方法を教えていただくことで、毎日のルーティーンに組み込めるようにもなりました。

開始1カ月でフォロワーが1000人を超え、実際にフォロワーの方とZoomで話したりするなど、これまで出会うことのなかった人がファンになってくれたということを実感しました。

今は誰もが個々に情報発信しやすい時代です。だからこそ、どんな形で情報を発信するのが良いのか、たくさんの情報の中で自分の情報が埋もれてしまわないのかを考えて差別化していく。そして、自分のファンを増やしていくことが必要だと学びました。

今後もＳＮＳ投稿に磨きをかけて、どんどん言葉のプレゼントをしていきます。

おわりに

先の見えない時代だからこそ自分のファンをつくれ

これまでの常識が覆った2020年

2020年は世界的に未曾有の年となりました。新型コロナウイルス感染症が蔓延し、対策のためこれまでの生活様式が一変しました。しかし、中でも人間社会があるかぎり変わらないものがあります。それがコミュニケーションです。

人間が2人以上存在するかぎり、**意思疎通のために必ずコミュニケーションが必要になります**。新型コロナウイルスによって社会が変化し、これまでの時代と異なったコミュニケーションが求められています。本書に記載した「45秒でファンにさせる話し方」はそんな混沌とした社会を生き抜くために必要なスキルであると自負しています。

❖「知覚動考」を実践しよう

突然ですが、「知覚動考」という言葉をご存知ですか。私が講演会やセミナーで必ずお伝えする内容です。

この話をする時に例で出すのが、元メジャーリーガーのイチローさんです。記録にも人々の記憶にも残る実績を上げたイチローさんは学ぶ天才だったのでしょうか。野球に関する本を読み漁り理屈が完璧、優秀なコーチに何人も話を聞いたから天才と呼ばれたのでしょうか。決してそうではないですよね。もちろん学びも大切ですが、それ以上に素振りや走り込みなど実践を行ってきたことであれだけの成績を収めているのです。

今回、本書を手に取られた皆さまは伝える力・コミュニケーションについて学びました。しかし学びっぱなしにせず、**必ず実践するようにしてください**。実際に行動することで、知識は定着し、使える知恵として定着します。

ということで、冒頭の四字熟語は「ともかくうごこう」です。ぜひこの言葉を大切に実践し続けてみてください。

❖自分を理解してくれる仲間や信用が価値となる時代

社会環境が変化する中で大切になるのが、自分のことを理解してくれる仲間や信用関係です。特に現代はＳＮＳの発達で顔も名前も知らない人とつながりを持つことができます。

その中で重要となるのが、**自分のことを正確に理解してもらう表現方法と、理解してもらった上で自分のことを応援してもらえるようにする「ファン化」**です。

口下手・人見知り・社会人経験もほとんどなかった26歳の私が実演販売会社を起業し、東証一部上場企業複数社と取引を行い、テレビに出演し、ＷｅｂＣＭではアナウンサーの古舘伊知郎氏と共演し、テレビドラマ「相棒」では実演販売の演技指導・監修、出演までするようになりました。

これも自分のことを正確に理解してもらい賛同する仲間が増え、多くの方に信用いただけた結果であると痛切に感じています。その結果、本を出版するという人生の中での目標も達成することができました。

出版にあたり、企画・構成をご教示いただいたネクストサービスの松尾昭仁さん、編集を担当してくださった合同フォレストの山崎絵里子さん、前代表の山中洋二さん、出版プロジェクトに賛同し、支援してくださった方々。皆さまのおかげで出版が実現しました。ありがとうございました。

２０２１年5月吉日

御子神　翔吾

《参考文献》

・『影響力の正体　〜説得のカラクリを心理学があばく』ロバート・B・チャルディーニ（著）・岩田佳代子（訳）、SBクリエイティブ、2013年

・『アキバ発！　売の極意　〜ガマの油売りもドラッガーも思わずうなる!?　実演販売のプロが教える古くて新しい「超絶の販売術」その5つの極意！』吉村泰輔、健康ジャーナル社（エッセンシャル出版社）、2012年

・『実務入門　NLPの基本がわかる本』山崎啓支、日本能率協会マネジメントセンター、2007年

・『パブリック・スピーキング　最強の教科書』小山竜央、KADOKAWA、2018年

・『一流の「話し方」全技術』井上健哉、明日香出版社、2019年

・『産業教育機器システム便覧』教育機器編集委員会編、日科技連出版社、1972年

●著者プロフィール

御子神　翔吾（みこがみ・しょうご）

実演販売士兼ＳＮＳ販促コンサルタント
セミナー講師
株式会社 Aves 代表取締役社長

明治学院大学法学部在学中から実演販売の門を叩き、「すぐに行動（購入）に移させる話し方」の研究を重ね、「45 秒で相手を自分のファンにさせること」がもっとも大切だと気付いて実践。

その結果、大手メーカーの高級日焼け止めを１日で 462 個販売するなど、日用品・化粧品などの分野で数々の日間・月間販売の日本記録を打ち立てる。東証一部上場企業をはじめ、多くの企業から絶大な信頼を得て、業界随一の有名販売士となる。

現在は経営者として実演販売や卸業の事業を展開する傍ら、ＳＮＳ販促コンサルタントとして、企業や起業家の販促企画の提案・プレゼンテーションの支援をするほか、社内教育や販促に関するコンサルティング・セミナー講師としても活躍。

実演販売の現場で培った「45 秒でファンにさせる」ノウハウを活かし、TikTok ではたった１動画で 617 万再生のバズ動画を生み出した実績をもつ。

企業ＣＭでは古舘伊知郎氏と共演し、テレビドラマ「相棒」などで実演販売の演技指導を行う。

趣味は毎年の海外旅行と筋トレ。

■ 御子神　翔吾 LINE 公式アカウント

企画協力　ネクストサービス株式会社　代表取締役　松尾　昭仁
組　版　GALLAP
装　幀　藤　星夏（TwoThree）
イラスト　Shima.
校　正　菊池　朋子

SNS時代を勝ち抜く!
45秒でファンにさせる話し方

2021年6月7日　第1刷発行

著　者　御子神　翔吾
発行者　松本　威
発　行　合同フォレスト株式会社
郵便番号 184 - 0001
東京都小金井市関野町 1 - 6 - 10
電話 042（401）2939　FAX 042（401）2931
振替 00170 - 4 - 324578
ホームページ　https://www.godo-forest.co.jp
発　売　合同出版株式会社
郵便番号 184 - 0001
東京都小金井市関野町 1 - 6 - 10
電話 042（401）2930　FAX 042（401）2931
印刷・製本　株式会社シナノ

ISBN 978-4-7726-6184-3　NDC 673　188×130

合同フォレスト
ホームページ

合同フォレストSNS
facebook　Instagram　Twitter　YouTube